地域密着型飲食店のマネジメントスタイル
～消費者視点のマーケティングと事業計画

Koji Shima
島 浩二

目次

小規模飲食店における消費者行動の分析 ... 07

はじめに ... 08

第1章　研究の目的と背景 ... 10

第2章　消費者行動の研究レビュー ... 15
2.1｜消費者行動の先行研究の枠組み ... 15
2.2｜市場における消費者行動の購買プロセス ... 17
2.3｜消費者行動における消費者のニーズ（欲求） ... 27
2.4｜消費者行動を通じた消費者の感情の動き ... 33
2.5｜小括 ... 40

第3章　小規模飲食店における消費者行動分析 ... 42
3.1｜飲食店市場における購買プロセスと消費者心理 ... 42
3.2｜消費者行動における消費者のニーズ（欲求） ... 51
3.3｜飲食店での消費行動を通じた感情の動き ... 57
3.4｜小括 ... 67

第4章　小規模飲食店における消費者行動を踏まえた考察 ... 71
4.1｜飲食店の提供する製品・サービス（Product） ... 72
4.2｜飲食店の価格（Price） ... 73
4.3｜飲食店における流通（Place） ... 77
4.4｜飲食店における販売促進（Promotion） ... 78

第5章　結論 ... 79

おわりに 85
注 88
参考文献 92

具体例から見た外食マーケティングの実践
インド料理店「ガンガ芦屋」のリニューアルを通して ... 93

1 ｜ 店舗概要 94
 （1）店舗概要 94
 （2）店舗開設の経緯・沿革 94
2 ｜ 事業の概要と目的 94
 （1）事業概要 94
 （2）リニューアルの目的・主旨 94
3 ｜ 市場ビジネス環境の分析 95
 （1）市場ニーズの展望（業界の現状）とビジネス機会 ... 95
 （2）店舗立地の概況 97
 （3）対象とする市場の地域的細分化（セグメンテーション）... 99
 （4）ターゲティング（顧客の特性明確化）................ 106
 （5）当該事業の3C（顧客・競合・自社）分析 108
 （6）他社の動向、自社と他社の商品比較 114
4 ｜ 事業の内容、特徴、競争上の強み（差別化）......... 118
 （1）事業の内容、または、製品・サービスの内容 118
 （2）事業の特徴、または、製品・サービスの特徴 119
 （3）事業上の差別化　当社の製品・サービスの競争優位性・強み ... 119
 （4）SWOT分析 120
 （5）市場ポジショニング 124
5 ｜ 事業の仕組みと収益性 127

(1) 事業の仕組み　127
　　　(2) 事業の収益性　127
　　　(3) ステークホルダーに期待されるメリット　128
6｜販売計画・マーケティングプラン　129
　　　(1) 販売目標　129
　　　(2) 販売方針　130
　　　(3) マーケティング戦略（4P・4C　マーケティングミックス）　130
　　　(4) 販売促進・プロモーション戦略　134
7｜事業展開の日程（マイルストーン）　135
8｜バランススコアカードを活用した目標とプロセスの管理　138
9｜事業リスク対応　140
　　　(1) 店舗運営上のリスク　140
　　　(2) 体制上のリスク　140
10｜業務組織表　141
11｜予想収支表　損益計算書　141

小規模飲食店における消費者行動の分析

はじめに

　日本の企業の9割近くを占める小規模企業は、地域を支え、日本を支えている。しかし、経営資源に限りある小規模企業の経営的基盤は弱い。市場では、1割強の大企業が、潤沢な経営資源を背景に、競争を繰り返している。そんななか、小規模企業には、最小限の資源から、最大限の利潤を生み出すための最適化されたマーケティングが求められる。小規模企業にとって最適化されたマーケティングとは、限られた経営資源のなかで、どのタイミングで誰に対し、何を訴えていくのかを提示するものである。そのためにも、企業が消費者の行動をより深く理解することが必要であるので、消費者行動分析に着目する。

　これまでさまざまな形で、消費者行動の研究がなされてきた。その前提となる消費者は、合理的で理性的な判断を行う人間であることを前提としており、その行動をモデル化している。しかし、消費者は、時には衝動買いをしたり、考えていたものと異なる製品を購入したり、同じ製品・サービスの購買を繰り返したりしており、従来型の消費者モデルでは説明がつかない局面が見受けられる。消費者の内面に注目し、従来の消費者モデルに消費者心理、さらには感情的な要素を含むことによって、現実に近い消費者行動分析ができるのではないかと考える。

　まず、基本的な消費者行動のプロセスの理解を深めるため、コトラーの購買プロセスに則り、行動を5段階に分けて分析する。情報の流れを整理し、各々のプロセスにおける消費者心理や、生じる感情を明らかにする。特に、本研究の対象とする小規模飲食店においては、限られた地域の、何度も繰り返し再購買を行う固定客（常連客）が顧客の大半を占めており、購買後の行動から再購買へのプロセスにも着目す

る。消費者を取り巻く一連の情報を中心としたプロセスのなかで消費者の内面から沸き起こる欲求が、合理的理性的判断を行うとされる再購買への意思決定に、大きな影響を及ぼしているのではないかという仮説をたて、実際の消費者行動、そして消費者の深層心理に迫った。

　伝統的な消費者行動論では、購買プロセスにおいて生じる感情については、あまり考慮されなかった。消費経験を通じて生じた感情を併せ持つ消費者モデルを構築し現実の消費者に近づくことによって、情報の流れにそった、購買プロセスに感情を組み込んだ消費者行動を提示できると考える。

　特に、5軒に1軒は、3年以内に廃業するといわれている小規模飲食店において、比較的安定した位置を維持しているインド料理店における顧客の消費者行動を分析することは、感情がその購買プロセスに及ぼす影響を明らかにするとともに、消費者が小規模飲食店に求めている価値を明らかにすることができると考える。

第1章 研究の目的と背景

　日本の産業、主に製造業は、1960年代の高度経済成長期において、製品経済を推進し、豊かな日本へと導いた。モノを作れば売れる時代が続き、少品種を大量生産し安価で販売する規模の経済に頼り続けていた結果、消費者の周辺は、規格を一般化したために差別化が困難となったありふれた製品群で溢れ、コモディティ[注1]化が進んだ。1970年代のオイルショックを乗り越え1980年代にわたり、重厚長大の工業から軽薄短小の情報産業に産業構造がシフトした。市場における消費は飽和状態となり、企業は、売れる商品を多品種かつ少量生産する必要性に迫られた。特に1980年代初期は、技術革新が急進展し情報化が加速した結果、消費者ニーズの多様化、高度化そして、市場の細分化など市場の質的変化がみられた。1980年代後半から内需主導のバブル景気を迎え、顧客の収入やニーズにあった製品や、適度にカスタマイズされた「マス・カスタマイズド製品」がもてはやされ、製品経済からサービス経済へと移った。しかし、1991年にはバブル景気が崩壊し、世界市場において経済のグローバル化への対応の遅れや人口の減少による国内市場の縮小に見舞われた。1990年代後半に至っては、物価が持続的に下落するデフレ経済に陥り、15年経過した今もその渦中にある。バブル崩壊以降、一時は失業率や所得、消費性向は回復の兆しがみられたものの、名目賃金が減少したこともあり、内需の本格的な成長には至らないまま2008年のリーマンショックを迎えた。

　バブル崩壊（1991年）以降、日本は低成長から不況に逆戻りし、デフレ経済から抜け出せない期間（失われた20年）を経ているなかで、そこからの脱却を目指すために、消費は横並びから個人の嗜好に基づ

くものへと変化し、企業は、新しい顧客価値の創造、新しい市場創成が求められている。

　このように、高度経済成長期以降も製品経済を追い求めた結果、消費者の需要に対して、企業の供給が過剰になる状況をもたらすとともに、消費者の行動は、数ある製品の中から、欲しいものだけを積極的に選択するという購買行動へ移行した。企業が安価な製品を大量に生産し、それを消費者が購入する「売り手主導」の経済活動であったのが、消費者が企業を選別する「買い手主導」の経済活動に変化したことは、製品経済からサービス経済へ移行したことを意味している。さらに企業は、消費者が求めていることに持続的に応えることが求められ、その製品・サービスを購買後、所有、使用するなかで消費者が得た価値としての消費経験が重要視されたことは、経験経済[注2]への移行を意味する。このような状況の中、消費者志向から一歩踏み込み、消費者自身の深層心理を理解することの重要性が、今後ますます高まってくると思われる。

　今回取り上げる小規模飲食店の属する小規模企業とは、中小企業庁の規定する「零細企業」にあたり、製造業では従業員が20人以下、商業サービス業では従業員5人以下の企業とされ、2012年時点で386万社の事業者のうち334万社の86.5%を占める。大企業、中小企業は、都心部に集中しているので、地域の経済は、この小規模企業が支えているともいえる。その小規模企業は、ヒト・モノ・カネの経営資源に限りあるなか、起業の局面においては、主に財政的な支援を受けるべく事業計画を策定するにあたり、さまざまなマーケティング理論をふまえた経営戦略を検討するも、その一つひとつを実行するにあたって、いくつもの限界が立ちふさがり、苦難の道を歩むことになる。そこで、マーケティングが対象とする事象に、アプローチ方法を、小規模企業にとっても実行しやすい形に適正化できないかと問題意識を持ち、消

費者行動に着目した。大企業は、潤沢な経営資源を背景に、製品開発、価格設定、販売促進、販売経路について経営戦略をたて、消費者を誘導することができる。それに対し、対象とする地域や自身の持つ能力、経営資源に制限がある小規模企業は、何もしないで手をこまねいていると、市場での競争に負け、経営的な持続性を失う。そこで、小規模企業は、事業の核となるドメインは守りながらも、限られた経営資源のなかで消費者の欲求に合わせた製品・サービスを開発し、販売（提供）方法を工夫し、適正な価格を設定をし、その情報を提供していくためには、購買プロセスのなかで消費者の感情の動きを理解する必要があると考えた。

特に、消費者の、製品・サービスを購買し、その所有や使用を通じて得た経験から生じる感情によって、受ける影響を明示することによって、消費者が購買プロセスを通じて求めるものを明らかにできると考え、本研究をおこなう。

今回取り上げる小規模飲食店は、外食産業に属するのでその概況をまとめる。国内の外食産業市場規模は、平成22年度23兆4887億円（対前年比0.7％減少）、平成23年度22兆9034億円（対前年比2.5％減少）と減少を続けたが、平成24年度においては、23兆2386億円（対前年比1.5％増加）と復調の兆しが見られる。飲食店においても、平成22年度12兆4946億円（対前年比0.9％減少）、平成23年度12兆2230億円（対前年比2.2％減少）と減少を続けたが、平成24年度においては、12兆4686億円（対前年比2.0％増加）と同様である[注3]。

不況感から脱却した雰囲気が確定していない状況では、財布の紐が緩まず、外食にかける費用が削られる可能性がある。平成25年春ごろから、デフレ脱却を目指すアベノミクスの影響が外食産業にも波及している。デフレ下で勝ち組だったハンバーガーや牛丼などの低価格チェーンの売上高が低迷する一方、ファミリーレストランや焼き肉、回

転ずしなど"プチぜいたく"できる飲食店が伸びている。さらに、消費者は、普段の生活の中で、「ちょっと良い物」や「健康に良い物」にはお金を出すが、日々の日常品は節約志向が働き、価格優先の買い物傾向が強まる消費者の「消費の二極化」は顕著になっている。飲食業においても、より高品質の料理や接客サービスを求める消費者の要求に対応していく「本物志向」の店舗と、大規模なマーケティング戦略とコストダウンを思い切って進め「チェーン化」させていく店舗の両極端に分かれている。

ファミリーレストラン業態の売上高は3月まで前年同月比で5カ月連続でのプラスを記録している。4月は同0.3％減だったが、売り上げは底堅く推移している[注4]。このことを見ても、消費者の財布の紐も少しだけゆるくなり、その一部が外食に流れている。

本研究においてはインド料理店を取り上げる。デフレ経済が続き、低価格競争が続く外食産業において、安定した売り上げのうえ、少し高めの消費単価を維持しており、その顧客の消費者行動から、小規模飲食店における消費者行動を感情の動きとともに明らかにし、消費者が何を求めているかを見つけることができるのではないかと考えた。

そのインド料理の属するエスニック料理市場についてみると、低単価なメニューでランチ需要などを掴む新興チェーンや個人店は増加しているが、東南アジア料理などの上位チェーンは苦境に立たされ不採算店を閉店させているため、微減が見込まれる。消費低迷の影響で、市場が縮小するなかで、店舗数が増加しているため、首都圏を中心に近隣店との競合が激化している。低い客単価を武器にしていた小型店も、消費者の節約志向の影響で苦戦を強いられている。そのなかで、インド料理は、近年のヨガを活用した健康面が注目されるなどインド文化への関心も高まるなか、根強いファンの需要に支えられ減少幅が軽微に留まっている[注5]。

このように、インド料理店は、厳しい状況が続く外食産業のなかでも一定の市場を確保しているうえ、低価格路線が続くなか消費単価についても少し高い位置を維持していることから、その顧客の消費者行動を分析する。

第2章　消費者行動の研究レビュー

2.1 | 消費者行動の先行研究の枠組み

　消費者行動の分析を行うにあたって、まず、市場において需要が発生する取引のうち購買を担う消費者モデルの前提を確認する。企業と消費者という最小単位の取引において消費者（買い手）が企業（売り手）との関係をふまえながら、主に各々が得ることのできる情報の非対称性を中心とする問題を解決しようとする消費者行動を明確にする。

　つぎに、コトラー（2008）の明示する消費者の購買プロセスを採用し、情報の流れにそって消費者行動を分析する。消費者自身のなかでどのようにして購買に関する意思決定が行われているのかを明らかにするため、プロセスを5段階に分けて分析し、各々の段階の中で、消費者が製品・サービスの情報とどのように向きあい、購買決定にまで至っているのか、その消費者の心理とともに明示する。さらに、何度も同一の製品・サービスについて購買行動を繰り返す消費者（常連客）の購買プロセスの中で、購買後の行動における「評価」が重要な影響力を持つものとして考えた。購買後の行動のうち、コトラーの提示する評価、破棄などの前段階として、所有権を獲得し、その製品・サービスを自由にできる「所有」と実際に当初購買の目的のために活用する「使用」という概念を付け加えた。このことにより、「所有」、「使用」各々の段階において消費者による評価が付加され、一連の消費者行動をあわせて消費経験とし、コトラーの購買プロセスをより実際の消費者行動にあわせた形で分析した。

さらに、特に、同一の製品・サービスの再購買をおこなう消費者行動のなかで、再購買に影響を与える消費者の欲求を解明するため、マズローの欲求階層説を採用し、購買の動機付けのプロセスを分析した。消費者の購買の動機付けである欲求が、どのような属性のもとに構成されているのかを見出す。

　しかし、伝統的な消費者行動分析[注6]における消費者とは、経済学と同様に合理的で理性的な判断を行う人間であることを前提としており、その行動をモデル化しているので、その消費経験が、次なる購買（再購買）にどのような影響を及ぼすかは不明瞭なままであった。そこで、実際の理性の枠に収まらない感情を持つ消費者モデルを想定し、購買プロセスを通じた心理状態、感情の動きを情報の流れにそいながら分析することにより、消費者が何を求めているのかを明らかにするため、心理学的な側面から消費者をみつめる。

　そこで、実際の消費者に近い、人間の心の部分に着目し、購買プロセスの中で生じる感情が、消費者の購買行動に与える影響を明らかにしたうえで、消費者が求めているものは何かを明らかにする。

　まず、消費者は、製品・サービスを対象とする購買プロセスのなかで、どのような感情を抱くのかを理解するために、感情心理学の側面からラッセルの円環モデルに従い、消費経験を通じて生じる感情の構造を明らかにする。そして、同種の製品・サービスの消費経験を持つ消費者が、再購買への購買動機を高める仕組みをチクセントミハイのフロー理論から、消費者は再購買の中で何を求めているのか明らかにする。

2.2 | 市場における消費者行動の購買プロセス

　市場とは、多くの人々が一堂に会し、財（製品・サービス）を売り買いする場所とされ、売り手と買い手が取引する場所でもある。ミクロ経済学における市場においては、需要と供給の関係のなかで、財の価格や売買される量を決定するにあたり、需給の間の競争を含む相互作用が生じる。需要とは、消費者（買い手）が市場において、購買力に裏付けられた、購買しようとする欲求を指し、供給とは、企業（売り手）が市場において、利潤の最大化を図るための販売行動を指す。消費は、市場において消費者が欲求を満たすために、財貨・サービスを使うことから効用を得ると仮定されており、取引の終了をもって終わるが、消費者行動は、購買と消費、廃棄まで含まれ、消費者は与えられた所得から最大の効用を得るように合理的に行動するものとされる。

　売り手は（企業）は利潤の最大化、買い手（消費者）は効用の最大化を目指すものの、双方の持つ情報に格差（情報の非対称性[注7]）が存在している。これらを図表に表すと図表2-1のようになる。

■ 図表2-1　市場における売り手と買い手

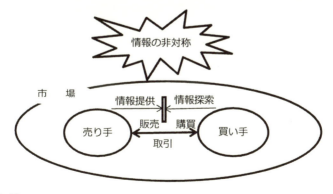

［筆者作成］

小規模飲食店における消費者行動の分析　　17

さらに、ひとつの製品が完成するまでには、かなりの取引を経て加工され、販売者と最終消費者との間で最終の取引がなされる。その取引毎に情報の非対称性が発生するので、多数の取引を経た製品は、情報の非対称性からくる不確実性をその取引の数だけ有することになる。ヒト、モノ、カネの経営資源が、経済活動を構成する要素として重要視されてきたが、それら経営資源以外に経済活動における消費者行動の決定要素に影響を及ぼすものは情報である。情報の非対称性は、経済取引における主体者間（企業と消費者）に存在する情報格差から発生する。製品・サービスを販売する企業は、その製品・サービスに関する情報を購買する消費者よりも多くの情報をもっており有利な立場にいるとされる。取引ごとに買い手は、情報の非対称からくる不確実性によるリスクを負うことになるので、積極的に情報を探索する。企業はそのリスクよって発生するコストを最小限にすべく、消費者の動向を探るマーケティング活動を行う。そして、製品の供給者（メーカー）は、企画した製品の機能、耐久性からなるクオリティをカタログやメニューなどによって表示し、買い手（消費者）にとっての効用（メリット）を販売促進のなかで強調する。それに対し、その製品の需要者は、購買の対象となる製品群それぞれの情報を収集し、価格、機能などの属性を比較検討したうえで最も自らに効用を及ぼす製品を判断し、購買する。これらを図表2-2にまとめた。

■ 図表2-2　販売者と最終消費者

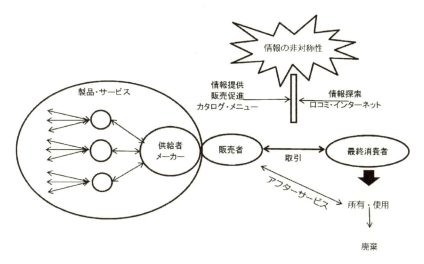

［筆者作成］

　最終消費者は、製品・サービスを購買すると、付属、付帯するサービスをともに獲得する。そこで所有することになった時点から、所有していることを他者に顕示したり、自己の中で他者との比較をすることにより所有欲求を満たす。そして、最終消費者は、購買した時点で使用者となり、製品を使用し、サービスを受ける権利を手に入れる。自己のもの（所有）としての使用し、消費経験を通じて、製品・サービスを手に入れるために支払った対価と製品・サービスに対する期待値をあわせ、所有、使用といった消費経験を通して得た自らの効用を比較し、獲得した製品・サービスを評価する。

　市場における取引の終了後、消費者は購買後所有し、使用しているなかで、製品・サービスに対する評価を行う。不良品であったり、期待した効用が過度に得られない場合、消費者は、販売者や供給者（メーカー）に対して、苦情や問題提起を行う。販売者や供給者（メーカー）

小規模飲食店における消費者行動の分析

は、消費者の不満等を解決するべく対応すべく、取り換え、修理、などアフターサービスを行い、情報の非対称性による不確実性を解消しようと努力する。

　市場において、製品・サービスを購買する買い手としての消費者は、製品やサービスを消費する主体である。購買するかどうかは売り手が製品の供給者（メーカー）なのか直接販売かは問わず、価格とその消費を通して得る効用、購買後の対応（アフターサービス）に左右される。

　そして、また同種の製品・サービスへの欲求、必要性が発生したときに、今までの消費経験から得た情報と、新たに考慮すべき他の製品・サービスの情報を探索し、その時点での価格などと比較検討したうえで最も自らに効用を及ぼす製品を判断し、購買する。消費者は、そのような同種の製品・サービスの消費経験を、消費者行動のプロセスを通して繰り返すとともに、同時並行で数え切れないほどの消費経験を行っている。それらの消費経験を通して様々な情報を蓄積し、次への購買行動への糧とする。各々の購買行動はその緊急性、嗜好性、必要性などさまざまで、限られた予算、時間のなかで、粛々と進められる。消費者はどのようにして購買行動を進めているのか具体的に俯瞰してみた。

　まず、認知、関心、欲求等により、商品に興味を持った消費者は、予算の概算や、支払方法、購入場所などの購買に関する条件を洗い出し、明確化する。つぎに、実際の利用者を特定し、利用の頻度や場面を想定し、利用に関する条件を洗い出し、明確化する購買や利用の条件を抽出した消費者は、これらの条件を比較検討する基準をまとめ、対象となる製品・サービスの属性を把握し、基準と照らし合わせて、基準を構成すると思われる製品・サービスの情報を収集し、属性に優先順位をつけながら購買の候補の絞込みを行う。また、同時にその基準に

見合う製品・サービスの情報を収集することによって、購買の候補を決定する。

コトラーは、そのような消費者の行動を、問題認識、情報探索、代替製品の評価、購買決定、購買後の行動という5段階の購買決定プロセスで説明している[注8]。それを消費者心理ともに、簡潔にしたものが図表2-3である。購買行動プロセスとは、消費者が製品を認知し、選び、使い、破棄するまでのすべての経験もしくは心理を、時系列かつ段階的に表すモデルである。

■ 図表2-3　5段階の購買プロセスのモデル

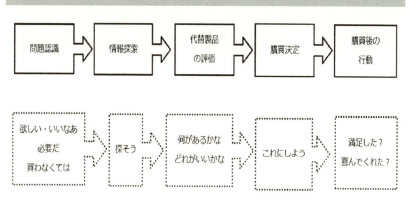

［コトラー＆ケラー（2008）[注9]より引用のうえ筆者加筆修正］

第1段階の問題認識とは、購買プロセスの初期段階で、日常生活のなかで、何らかの問題やニーズを認識した段階で、内部刺激（飢え、渇き）が動因となり、外部刺激（広告）が誘因となり、ニーズ（欲求）が引き起こされることにより、消費者がニーズ（欲求）を満たす商品やサービスに対して興味や関心を抱く段階である。消費者心理面においては、偶然通りかかっていいなあ、前から欲しかった、仕事上や生活上必要に迫られた、誰かに買ってあげたい、買わなくてはいけない

小規模飲食店における消費者行動の分析　21

と心から湧き出るニーズを認識し、購買の動機の欲求を明確化する。

　第2段階の情報探索とは、ニーズ（欲求）への関心に覚醒した消費者がニーズ（欲求）を満たす方法・手段について情報を収集する段階である。さらに、コトラーは、この覚醒には2つのレベルがあるとする。当該製品・サービスへの情報に敏感になっている「高められた注意のレベル」と、そしてニーズ（欲求）が高まることで、知人との話題にしたり（口コミ）、インターネットで情報を検索したり、実際に店舗へ出向きカタログを収集したり、製品自体をチェックしたり得た情報を仕入れたりして、製品やサービスを比較検討する「積極的な情報の探索のレベル」である。その情報源としては、家族や友人、隣人、知人などの人間関係による「個人的情報源」、広告やウェブサイト、販売員、ディーラー、パッケージ、ディスプレー、などの「商業的情報源」、日常生活で触れるマスメディア、製品評価をする消費者団体など「公共的情報源」、実際に消費者自身が行った操作、検討、使用から得る「経験的情報源」がある。これらを図表2-4にまとめた。消費者心理面においては、過去の購買経験を思い出そう、誰かに聞いてみよう、探しに行こう、見に行こうなどと情報探索への意識が高まっている状態である。

■ 図表2-4　第2段階における消費者の情報探索の情報源

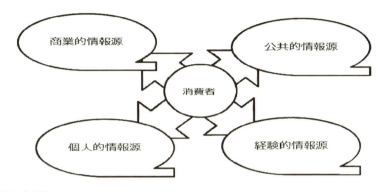

[筆者作成]

　第3段階の代替製品の評価とは、情報の探索により絞り込まれた消費者のニーズ（欲求）を満たす製品・サービス群の、製品の仕様、属性やブランドイメージなどの項目を比較する段階である。消費者は、最小限の犠牲（費用負担）によって、期待される効用を最大化できうる製品・サービスの順位付けを総合的に行い、評価を行うことにより、合理的判断を追求した結果、特定の製品・サービスを選択する。消費者は、自ら求めている効用を提供する属性に最も注目し、さまざまな代替製品を評価する過程で得た情報に、それらを伝達するメディアの特性、消費者の消費経験、消費者の思想なども加味したうえで、当該製品・サービスに対して出来上がるイメージの総体であるブランドをつくりあげる。消費者心理面では、どれがいいのかな、これもいい・あれもいい、この機能は外せない・この装備は要らないなどと、その製品・サービスを購買した自分を想像しながら比較、評価を行っており、購買に対する感情は高ぶっている状態である。

　このように、第2段階、第3段階は、製品・サービスに関する膨大な情報の流れを収束するプロセスであり、次の段階である購買決定に

重要な意味を持つ。まず、情報を組織化、統合化し、その製品・サービスに期待する基準を設定し、それをもとに候補に挙がった複数の代替製品から比較、評価したうえで1つの製品を選択するプロセスである。存在を認識している個々の製品・サービスの集合である「知名集合」から、購買の対象となる個々の製品・サービスの集合である「考慮集合」へ、さらに、最終的な少数の選択肢として残った個々の製品・サービスの集合である「選択集合」へ収束させる。そして、その製品・サービスをどう捉えているかの認識としての知覚を経て、その製品・サービスの主観的評価を行う選好・効用の段階に移り、次の購買決定へと繋がる。近年、情報化が急速に進み、比較検討の判断材料が膨大になっており、販売額においても店舗ごとやネット通販のサイトを比較検討する傾向にあるので第2段階と第3段階の比重がかなり重くなっている。

　第4段階の購買決定は、前段階で購入する製品・サービスの候補（選択集合）を明確にし、自分以外の家族の後押しや、購買し利用した人の評価・評判など他人の評価による動機付けを行い、購買するのかどうか、そして最終的な製品・サービス、購入先を最終的に決定する段階である。コトラー（2008）は、「購買意図と実際の購買決定の間には、他人の態度と予想外の状況要因の2つの要素が立ちはだかる」[注10]と指摘する。他人の態度でいえば、選択した製品・サービスにつくられたイメージの総体であるブランドに対する他人の否定的な態度の強さと他人の望みに合わせようという購買者の動機付けだという。これらの他人は影響者として、合理的かつ理性的判断を行うという消費者モデルには無縁の「感情」を消費者の内面に巻き起こし、最終的な購買決定に大きく影響する。コトラーはこのような、「購買決定を変更、延期、回避する行為は、伝統的経済学では前提とされておらず、支払金額、製品・サービスの属性（情報）の不確実性などから来る知覚リ

スクを軽減しようとする消費者の姿勢が反映されている」と指摘する。消費者心理面においては、いままでの比較検討の作業から解き放たれた感覚とともに、対価を支払って購買し、その製品・サービスを手に入れたことにより充足感を味わっている状態である。

　第5段階の購買後の行動とは、購入後の製品・サービスの効用に対する評価を行うとともに、自らが下した購買決定の判断が正しかったどうかを検証する行為である。コトラーは、購買後の行動について、満足度の形成、行為、利用と廃棄についても購買と同様重要であると指摘する。消費者は購入する前、第1段階で感じたニーズを前提に、第2、3段階でのプロセスの過程で、購買するであろう製品・サービスに対して期待を抱いているが、得られた効用が期待以上であれば喜び、合致すれば満足を得るが、期待にそぐわなかった場合には不満足、失望として感情が生じる。本当にこの製品でよかったのだろうかという不安から認知的不協和[注11]を生じることがあり、購入製品の良い点を探したり、他の競合製品の欠点を探したりといった不協和逓減の行動を取ることがある。消費者心理面においては、満足したか、（利用者は）喜んでくれたか、失敗だったのか、あれのほうが良かったなどと自問自答を繰り返し、評価の結果が、感情を生み出すような状態である。

　購買後の行動のうち、コトラーの指定する評価、破棄などの前段階として所有権を獲得し、その製品・サービスを自由にできる「所有」と実際に当初購買の目的のために活用する「使用」という概念を付け加えてまとめたのが図表2-5である。このことにより、「所有」、「使用」各々の段階において消費者による評価が付加され、一連の消費者行動をあわせて消費経験とし、コトラーの購買プロセスをより実際の消費者行動にあわせた形で分析した。

■ 図表2-5 購買後行動のプロセス

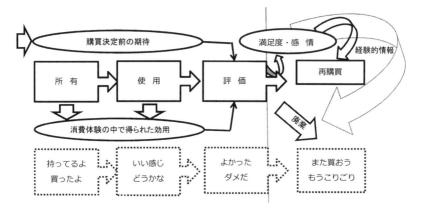

［筆者作成］

　購買後の行動の評価において、消費者の製品・サービスに対する満足度がどのように形成されるのかという心理的プロセスについてはオリバーが、「期待不一致モデル」として、提唱している[注12]。消費者の過去の消費経験や、情報探索によって得た知識によって形成される期待水準と、購買後の所有、使用という消費体験を経て得た効用の知覚水準の一致度によって購買後評価は決定され、消費者の製品・サービスに対する満足度として表現される。

　消費者がまた、同じ製品・サービスを購買（再購買）するかは、この感情に大きく左右されるとし、消費者の満足度と、再購買意図との間には強い相関関係があるとする。また、販売者や供給者（メーカー）は、購買後の消費者とのアフターサービスなどのコミュニケーションによって、不満足となる要素を取り除いたり改善したりして、評価の改善に寄与し、再購買につなげることもできる。

　さらには、購買前の行動で作り上げた期待と購買後の行動における評価の落差から起きる感情を明らかにする。購買後の評価が、期待水

準以上であれば、消費者は満足し、好印象の感情を製品に対して抱く。そして、消費者は、再購買の意向を高めたり、製品・サービスのイメージの総体であるブランドの価値「ブランド・エクイエティ[注13]」を高く評価する。購買後の評価が期待通りであれば、消費者にとって可もなく不可もなくといった一定の満足度を得ることはできるが、再購買時にその製品・サービスは代替製品の評価にさらされることになる。消費者は、期待通りではそのまま再購買の対象とするような満足度を得ることはできず、消費者は、期待に対して、予想以上の効用を求めている。また、購買後の評価が期待以下であれば、不満足となり、ブランドだけでなく企業に対する怒りや失望といった負の感情を生み出し、評価は低く、再購買では負の情報として蓄積されるため候補（選択集合）にものぼらない。このように、期待と評価の不一致は満足度の決定要因となり、さらには購買後の製品・サービスのブランドに対する評価にも影響を与える。

　このようにして、購買プロセスのうち、再購買の指標となる消費経験を通じた経験的情報を蓄積する購買後行動は、再購買にとって重要な意味を持つ。第2段階の情報探索の末、第3段階の代替製品の評価をするにあたって作り上げられた評価の水準は、一つの製品・サービスを選択した時点で消費者の期待と変化し、購買後の行動で実際に所有・使用にあたって得ることができた効用と期待を比較することによって得た評価は、満足度として表出し、再購買のときも経験的情報として2段階の情報探索の情報源となる。

2.3 ｜ 消費者行動における消費者のニーズ（欲求）

　ここでは、購買プロセスに区分された消費者行動において、消費者

自身の持つ役割を確認するとともに、消費者の持つ欲求について分析する。井上崇通（2012）は、消費者は、情報収集、さらには購買から使用に至る消費者行動において、様々な役割を担い、果たしていると指摘する[注14]。消費者は、問題を認識する者、情報を収集する者、代替案を比較評価する者、購買の意思決定を行う者、資金を提供する者、購買の意思決定に影響を与える者、実際に所有、使用する者といった役割行動が内在しており、購買プロセスに落とし込んだものが図表2-6である。

■ 図表2-6　消費者の購買プロセスにおける消費者の多面的役割

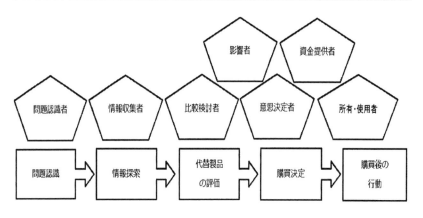

［コトラー&ケラー（2008）[注9]より引用のうえ筆者加筆修正］

一人の消費者が、自己のためだけにする消費行動においては、一人の中で完結するが、どの段階においても複数の消費者が関与する限り、各段階の多面的な役割に対する効用が最大化されるような、購買の意思決定が行われる。さらに、消費者一人ひとりは、日々様々な購買行動を同時並行で繰り返し、同じ製品・サービスの購買においても異なった役割での購買行動で関与し蓄積された購買後の評価は、その満足度

により感情をうみ、再購買での購買プロセスにおいては経験的情報として重要な部分を占める。

その購買を動機付ける消費者行動の背後にある心理的・社会的・生物的基盤を探るにあたって、マズローの欲求階層説を採用する。

■図表2-7　マズローの欲求階層説とアルダファーのERG理論

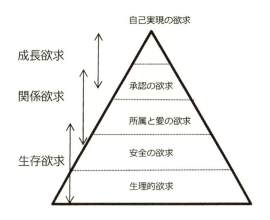

［筆者作成］

消費者は、購買プロセスを通じ、自己の欲求と代替製品の有用性とを比較・検討するにあたり、比較可能な評価基準を設定し、その結果一つの製品・サービスを選択する。コトラー（2008）によると、購買プロセスにおいて、第1段階の問題意識から第2段階の情報探索にわたり、消費者自身に自己の欲求から起因する関心が覚醒される[注15]という。

そこで、購買動機のもととなる消費者の欲求に着目し、動機付け理論としてマズローの欲求階層説[注16]を消費者行動において採用する。アメリカの心理学者、アブラハム・マズローは、動機付け理論を定式化すべく、「人間は自己実現に向かって絶えず成長するものである」と仮定し、人間の欲求を5段階の階層で理論化した。マーケティングにお

いても人間性心理学や動機付けの理論を進展させたと評価されている。

まず基本的欲求として、生理的欲求を挙げている。生命維持のための食事や睡眠、排泄などの本能的、根源的な欲求であり、生きていく上で欠かせない、生存のための欲求である。

次に安全の欲求とは、安全性、経済的安定性、良い健康状態の維持、良い暮らしの水準、事故防止、保障の強固さなどを重視し、暴力や犯罪などの危険から守られていること、経済的な安定、健康な生活、衣食住に不自由しない暮らしなど、安全で安定した生活への欲求を指している。生理的欲求とあわせて生命としての基本的な欲求である。そして、所属と愛の欲求とは、情緒的な人間関係によって他者に受け入れられている、どこかに所属しているという感覚で孤独、追放、拒否といった事象と無縁状態であることを確認する意味においては他者との関係を構築、維持したいという願望である。会社・家族・国家など、あるグループやコミュニティなどの集団へ帰属していたいという欲求であり、この欲求が満たされない時、人は孤独感や社会的不安を感じやすくなる。

集団への帰属が実現すると、所属と愛の欲求が満たされ、自分自身がその集団から価値ある存在と認められたい、尊重されたいという承認（尊重）の欲求を持つ。自己尊重感、技術や能力の習得、自己信頼感、自立性を得ることで満たされ、他人からの評価よりも、自分自身の評価を重視する。マズローはさらに、承認（尊重）の欲求には2つのレベルがあるとする。低いレベルの尊重欲求は「他者尊敬欲求」であり、地位、名声、利権、注目などを得ることによって満たすことができるもので、この低い尊重のレベルにとどまり続けることは危険だとしている。そして、高いレベルの尊重欲求は「自己尊敬欲求」であり、他者からの評価よりも、自分自身の評価が重視され、技術や能力の習得、自己信頼感、自立性などを得ることで満たされる。

最後に、自己実現の欲求とは、自分の持つ能力や可能性を最大限に発揮し、そのために、創作的活動や自己の成長を図り、具現化することにより自分にしかできない固有の生き方をしたい、あるべき自分になりたい、そして、自分の思い描く夢を実現したいという欲求である。すべての行動の動機が、この欲求に帰結されるようになり、さらにより高次な欲求として自己超越の欲求、至高体験があるとした。
　これら5つの欲求には優先度があり、低次の欲求が充足されると、より高次の欲求へと段階的に移行するとされ、高次の欲求段階にいたとしても、病気や怪我などで基本的な低次の欲求が満たされなくなると、低次の欲求から優先的に解消していく。低次の欲求が満たされると、再び高い欲求段階を充足させようとする。
　さらに、生理的、安全、所属と愛、承認の4つの欲求は「足らないものを満たす」欠乏欲求とされ、「なりたい自分、あるべき自分になろう」という自己実現の欲求には、「なるんだ」という成長動機が必要であるとした。
　このように、日常生活において集団のなかで生きていくことを余儀なくされる人間は、集団とのかかわりを深め、その中で尊重される存在になるべく自己成長への願望を内発し、自己実現を目指すに至る様々な欲求を持ち合わせている。低次の欲求を満たして高次の欲求に段階的に推移するという5つの階層は必ずしも相互に独立しておらず入り交じっており、各階層の割合、大きさ、内容、質などの次元には個人差が見られる。
　さらに、アルダファーは、ERG理論のなかで、マズローの欲求階層を、生存欲求、関係欲求、成長欲求の3つに区分している。そして、マズローは欲求を階層別に区分しているが、アルダファーは、高次、低次を問わず、この3つの欲求が同時に存在しており、人によって、また状況によってそれぞれの欲求の強さが異なってくるとしている。生

理的欲求と物質的な面での安全の欲求が生存欲求で、対人的な安全欲求と所属と愛の欲求、他者からの承認の欲求が関係欲求である。自分自身の中での承認の欲求、自己実現の欲求にあたり、自分自身や自分の環境に対して創造的、生産的でありたいとする欲求が成長の欲求である。成長欲求は、自己の持つ能力を発揮し、さらに新たな能力を得る必要のある課題に取り組むことによって、満たされるとされている。これら3つに区分された欲求は並存し、生理的物質的欲求である生存欲求を満たした後、他者との関係を深め、集団に帰属していると認められたい関係欲求、他者や帰属する集団のなかで認められ、あるべき自分、なりたい自分を実現すべく創造的、生産的でありたいとする成長の欲求が人間の持つ欲求の構造である。マズローの欲求階層説に、アルダファーのERG理論注17を組み合わせた図表が図表2-7である。

　高度経済成長期を経て、安定した生活を手に入れ、モノは飽和状態にあるという環境で生活する日本の消費者にとって、全ての欲求は満たされているといえる。高次の欲求は、相応の対価を支払えば手に入れることができることも経験している。汎用品であれば、機能的にも最低限でできるだけ価格の低いものを選択することになるが、再度同じ製品・サービスを購買するかは、購買後の行動である、所有、使用を通じた評価に影響を受けやすい。高次のレベルの欲求を満たす機能が付属している製品・サービスがあれば、価格が高くなっても購買する。消費者は、価格とその購買によって得られる効用の相関関係に一定の理解を示しており、自己に内在する欲求とその製品・サービスの価格に対して常に敏感になっているともいえる。そして、同じ消費行動を何度も繰り返す購買行動や消費経験を積み重ねているうちに、各々の行動のたびに、欲求と向き合い、その欲求を満たし最高の効用（満足度）を得られるであろう商品（サービス）を購買する。消費行動の中で、消費者が持つ欲求は、モノがあふれ、機能があふれている状況の

なかで、一つの製品・サービスがどれかの欲求のみを満たすものではなく、各々の段階の要素から構成された欲求を満たすものである。

このように、消費者に内在する欲求は、生理的物質的欲求を満たしたいという生存欲求以外に、他者との関係を深め、集団に帰属している関係欲求、他者や帰属する集団のなかで認められ、あるべき自分、なりたい自分を実現すべく創造的、生産的でありたいとする成長の欲求の3つが併存しており、購買動機付けの基礎となることがわかった。

2.4 | 消費者行動を通じた消費者の感情の動き

購買後の行動における満足度の評価から生じる感情が、再購買の情報探索の段階において、経験的情報源として重要であることがわかった。その評価の基礎となるのが、消費者がその製品・サービスから得ることができた価値であり、消費者の期待との比較で評価されるので、その価値とは何かを見つめる。消費者は、購買する製品・サービスについてのイメージの総体であるブランドを通して、どのような価値を感じるのだろうか。デービット・A・アーカーは、「（企業による）ブランドの価値提案とは、顧客に価値を提供するブランドによってもたらされる、機能的便益、情緒的便益、自己表現的便益を表したものである」とし、「（企業による）価値提案が効果的なものとなるためには、ブランドと顧客との関係を構築し購買意思決定を促進しなければならない」としている[注18]。

機能的便益とは、製品・サービスの機能に直接関係し、企業が顧客に対し機能面の効用を提供する製品属性に基づく便益である。

情緒的便益とは、特定のブランドの購買と使用を通して、顧客が肯定的な感情を覚えるとき、顧客に提供する、所有や使用という経験に

対して加える豊かさと深みである。機能的便益を達成したうえで、所有や使用のなかで生まれる感情である。

　自己表現的便益とは、顧客が、その製品を購買し、所有、使用する中で、他者に対し伝達する、なりたい自分、あるべき自分という自己のイメージである。現実の自己のイメージより高い理想の自己イメージを持つ製品・サービスが選択される傾向にある。

　以上の3つの便益について、マズローの欲求階層説における考察から、消費者は、いい機能を持つ製品・サービスを使用し、安全に・安定的に生活を送りたい（機能的便益）、所属する集団とともに所有や使用を行い、絆や満足感を共有したい（情緒的便益）、帰属する集団から認められたいがために、理想の自分像を手に入れる（自己表現的便益）、つまり最終的には自己実現のために、その便益を提供するブランドの製品・サービスを購買している。消費者は、自己成長の願望を内在し、成長動機を刺激する便益を製品・サービスに求めていることがわかった。

　消費者は、さまざまな購買行動を同時に継続しており、日々様々な情報を収集しながら、その欲求に見合う製品・サービスを探索し、必要な時に必要な購買行動に入る。そして、一度購買した製品・サービスは、使用後経年劣化を含めていつかは消耗し、廃棄するとともに、再購買の対象となる。そして、再購買を行い、消費経験を積み重ねる。ミクロ経済学において、製品・サービスを購買する場合に、その製品・サービスから得られる効用（満足度）は、消費を繰り返すごとに限界効用が減少するとされる。つまり。同一製品・サービスの購買（再購買）をおこなうことによって、効用（満足度）は低くなっていくことになる。しかし、同一の製品・サービスの購買を繰り返す消費者（常連客）の存在が忘れられており、想定される消費者モデルに限界があると感じた。

　友野典夫（2006）は次のように指摘する[注19]。伝統的経済学では、人

は合理的な計算や推論によって行動を決定するとされている。それに対し、実際には心が人間行動を決定し、人間行動が経済を動かしているのであるから、経済は心で動いているとする。心は、合理的推論や計算もするだけでなく、感情や直感を生み出す。人間を消費者におきかえれば、感情や直感を生み出す心が消費者行動を決定し、消費者行動が市場を動かしているのであるから、市場は心で動いていることになる。

　経済学とは、貨幣経済の社会のなかで限られたリソースの中からいかにして価値を生み出してゆくのかを研究するための学問であり、伝統的経済学の規範的理論において人は、合理性を重視し、いかに行動すべきかを理路整然と選択肢を選ぶ経済主体としての合理的経済人を想定している。経済人とは、自己の利益を最大限に考え、そのために合理的理性的な判断を、一貫した行動で将来に渡ってもぶれることなく行う人間をモデルとしている。道徳や倫理にも左右されず常に自身のためにだけ行動をする存在で、自己の利益を極大化させようとする合理的な計算によって経済活動を行う。

　消費者行動においても、経済人は自分の嗜好（好み）が明確であり、それには矛盾がなく、常に普遍で、時間や状況によって変化せず、意思は固く、失敗することはありえないとされている。そして自分の効用（満足）が最も大きくなるような選択肢（製品・サービス）を選ぶ。全ての製品やサービスについて知識があり、ありとあらゆる製品・サービスの組み合わせを考慮に入れて、もしそれらを消費したら得られる効用をすばやく計算し、効用を最大化するような商品の組み合わせを知ることができる[注20]としている。

　同一製品・サービスの再購買をおこなう消費者行動において、購買後の行動である所有、使用、そして評価の過程で生じた感情が、再購買における経験的情報となり、再購買の意思決定に深く影響すると考える。その意思決定（判断）において、理性や合理性の枠を超えた感

情的要素を経験的情報として消費者は認識している。

■ 図表2-8　ラッセル・感情の円環モデル

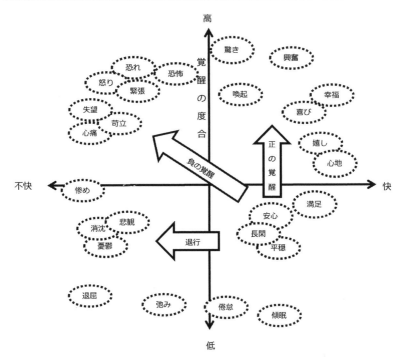

［上原聡（2008）注21より引用のうえ筆者加筆修正］

　人間は、欲求が情動を引き起こし、感情を生じる注22。消費者は、本能的に購買プロセスを進めるなかで、情報探索の段階での欲求が代替案の評価、購買決定、購買後の行動に至る情動を引き起こし、感情を生じる。消費者は、情報探索では問題意識からの欲求を、購買決定においては、所有・使用したいという欲求、購買後の行動の中では、所有、使用のなかで欲求を満たしたいという欲求に駆られている。さらに、購買決定した製品・サービスに対し抱いた期待と購買後得られた

効用を比較し、満足度を測るなかでも感情を生じている。これらの感情をジェームス・ラッセルは、様々な感情を「感情の円環モデル」のなかで、整理しており、図表2-8に示した。横軸は快感情を示しており、中心より右側に行くほど快感情は高まり、左側にいくと不快感情が高まる。縦軸は覚醒度合を示しており、上にいくほど覚醒度合が高く、下になるほど覚醒度合が低くなる。

　快感情のなかでも、興奮や歓喜は覚醒度が高く、平穏やリラックスは覚醒度が低い状態で、不快感情のなかでも不安や怒りは覚醒度が高く、憂鬱や退屈は覚醒度が低い状態である。この感情は、製品・サービスを購買する店舗での購買決定する状態や購買後の所有、使用のプロセスのなかで、発生する。製品そのものよりも、製品を販売する店舗やメディアで、消費者の欲求を煽るような刺激の強い、覚醒度の高い空間やメディア情報に影響される。製品を購買するとともに快（不快）感情を獲得することになるサービスや空間によって、消費者の感情は変化する。

　このように、消費者の役割、おかれた場面や受けた刺激よって、内部に発生する感情は異なる。したがって、消費者は評価するにあたって、製品・サービスが所有、使用される消費経験を通して得ることができた快感情を選定し、その快感情とその製品・サービスのさまざまな属性を結び付け、組み合わせている。消費者は、製品だけでなく、包装のデザインや手触り、味や香りなどの五感を刺激する要素、メディアなどを通じて形成するイメージの総体であるブランドなどの刺激を受け、快感情や覚醒の度合を生み出している。

　さらに、消費者、特に、同種の製品・サービスの購買（再購買）をおこなう消費者（常連客）の内面においては、再購買において、特別な内発的な購買動機付けが行われている。再購買のためには、その製品・サービスを購買し、購買後の行動として所有、使用する過程を経

て評価する段階において、いままでの消費経験で得た感情の快感情と覚醒度合を高められている(正の覚醒)。再購買において単なる消費の繰り返しが行われるならば、満足を得られながらも期待通りの効用を得られる安心感から、消費者は、対応の不備などに激怒や苛立ちを感じたり（負の覚醒)、何も変化がなさすぎると退屈感に満ち溢れ不快感情へ移行（退行）し、再購買の情報探索段階において考慮集合からも漏れ落ちることが懸念される。

　常連客は、毎回の利用で正の覚醒を覚えており、いままでの製品・サービスの属性から得られた評価の安心や満足に加え、消費経験ごとに他者との関係で生まれ、分かち合う歓喜（嬉しさ、喜び）、さらには自己実現への成長のなかでの興奮、幸福、喜びを感じている。消費者はどのようにして、消費経験を通じ、感情の覚醒度合いを高め、再購買においても購買の動機付けがなされているのかの答えを、チクセントミハイのフロー理論に求めた。

■ 図表2-9　自己成長（チャレンジ）とスキル

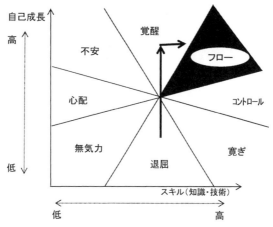

［チクセントミハイ（2010）注23から引用のうえ筆者加筆修正］

フロー状態とは、「気付かないうちに目の前の作業や活動に集中し、時間を忘れてのめり込むことで、楽しくて無我夢中になる状態、没入状態」を指す。チクセントミハイは、没入状態において、時間を忘れるほど活動に極度に集中している状態で、環境と自分が一体化している感覚があり、行動を調節しながら次々新たな状況に対応できている状態にいるなどの特徴があることを明らかにした。
　フロー体験には8つの構成要素がある[注24]。まず、「行動能力（スキル）と行動のために利用できる（自己成長の）機会（チャレンジ）とのすばらしいバランス」のもとで、「明確な目標とフィードバック」により明瞭な目標に対して、どれぐらいうまくできるようになったかがはっきりわかる状態である。さらに、「注意力は統制されていて十分に発揮」されるうえ、「完全に集中」し、意識には考えや不適切な感情が生じる余裕のない「自意識は消失」した状態で、いつもより自分が強くなったように感じるうえ、数時間もたった一分に感じられる状態「時間の感覚がゆがみ」を生む。そして、人の全存在が肉体と精神の全てに伸ばし広げられる「自分自身の感情や行動のコントロールができている」状態において、「全ての行動が（最終目標とする）行動自体のためにする価値がある」ようになり、その行動を自ら進んで行う結果、没入状態になるというのである。
　このうち行動能力（スキル）と行動のために利用できる（自己成長の）機会（チャレンジ）とのバランスについては、図表2-9に記した。
　消費者行動において、消費者を再購買に結びつけるために、購買プロセスのなかで、いかにして消費者自身がこのフローの状態を実現しているのかという課題が提起される。その製品・サービスに8つの構成要素を整えることによって、消費者はその製品・サービスを所有し、使用（体験）することで得られる達成感が得られる。そして、再購買は消費者にとって退屈と考えられているような経験となる可能性を秘

めているが、いかにしてフロー体験に置き換えることができるかという課題も提起される。一度体験した購買行動は、ある程度記憶として蓄積され、再度購買の問題認識がなされたときに、その経験の分だけ知っている、刺激のない退屈なものとして浮き出してくるので、その繰り返すプロセスをいかにしてフローの状態に置き換えるのかは、常連客の消費者行動を知るうえで重要な課題となる。持続的に再購買をおこなう顧客（常連客）は、再購買において、達成できる目標をもち、その消費経験に没入し、達成度合は評価において確認し、最終的には自己に対する報酬を与えている。つまり、消費者は、購買プロセスを通じて、自己実現のための自己成長への意識を膨らませながら、購買ごとに蓄積するスキル（知識・技術）を高めていくことで、フローに近い感覚を生じ、次なる再購買に向けての欲求に対する関心の覚醒を高めていることがわかった。

2.5 ｜ 小括

　消費者行動における購買プロセスのうち、購買行動の指標となる消費経験としての経験的情報を蓄積する購買後行動については、同種の製品・サービスの購買を繰り返す（再購買）にとって重要な意味を持つ。その購買プロセスのなかでも第2段階の情報探索の後、第3段階の代替製品の評価をするにあたって作り上げられた期待水準は、一つの製品・サービスを選択した時点で消費者の期待と変化し、購買後実際に所有・使用（体験）にあたって得ることができた効用との一致度を評価する。その評価により満足度が確定するとともに感情を生み出し、再購買においては経験的情報として第2段階の情報探索の情報源となることがわかった。

日常生活において集団のなかで生きていくことを余儀なくされる人間は、集団との関わりを深め、その中で尊重される存在になるべく自己成長への願望を内発し、自己実現を目指すに至る様々な欲求を持ち合わせている。生理的、安全、所属と愛、承認の4つの欲求を足らないものを満たす欠乏欲求とし、自己実現のためには、なりたい自分になるんだという成長動機が必要であるとした。消費者に内在する欲求は、生理的物質的欲求を満たしたいという生存欲求以外に、他者との関係を深め、集団に帰属している関係欲求、他者や帰属する集団のなかで認められ、あるべき自分、なりたい自分を実現すべく創造的、生産的でありたいとする成長の欲求の3つが併存しており、購買動機付けの基礎となることがわかった。

　消費者は、購買行動プロセスのなかで、情報探索の段階で、特に欲求に沿った便益の情報に出会ったとき、関心の覚醒度を高め、機能的便益、情緒的便益、自己表現的便益を個々に組み合わせた属性を情報探索する。自己に内在する成長動機が刺激される製品・サービスの情報に敏感になっている。

　さらに、持続的に再購買をおこなう顧客（常連客）は、過去の消費経験を通じて得た満足度や生じた感情などの経験的情報を蓄積し、再購買の購買プロセスを通じて、同一の製品・サービスを選択集合に選ぶ。また、消費経験を通じて自己実現、自己成長への意識を膨らませながら、購買ごとに蓄積するスキル（知識・技術）を高めていくことで、フローに近い感覚を生じ、同一製品・サービスについても、次なる再購買に向けて欲求に対する関心の覚醒を高めていることがわかった。

第3章　小規模飲食店における消費者行動分析

　前章では、消費者行動分析から、購買プロセスを購買後の行動に焦点を当て再購買まで拡大し、情報の流れを中心に細分化したうえで、消費者の内面の感情の動きから消費経験を通して何を求めているのかを明らかにした。実際の小規模飲食店としてインド料理店の顧客の消費者行動を分析することにより、対象とするインド料理店が属する外食産業などマーケットについて概観したうえで、顧客へのアンケート、メタファー分析[注25]、インタビューにより実証する。

3.1｜飲食店市場における購買プロセスと消費者心理

　飲食店は、日本標準産業分類では「主として注文により直ちにその場所で料理、その他の食料品または飲料を飲食させる事業所」とされている。なお、その場所での飲食と併せて持ち帰りや配達サービスを行っている事業所も本分類に含まれる。今回、研究対象の事例に採用するインド料理店は一般飲食店のなかで、「食堂、レストラン」に該当し、一般食堂、日本料理店、西洋料理店、中華料理店と並ぶその他の食堂、レストランに当てはまる。食堂、レストラン以外には、そば・うどん店、すし店（持ち帰り・出前専門店を除く）、喫茶店、その他の一般飲食店などが並ぶ。さらに、食品衛生法においては、「食品等事業」を「食品もしくは添加物を採取し、製造し、輸入し、加工し、調理し、貯蔵し、運搬し、もしくは販売することもしくは器具もしくは容器包装を製造し、輸入し、もしくは販売すること」とし、それらの

事業を営む人もしくは法人または学校、病院その他の施設において継続的に不特定もしくは多数の者に食品を供与する人もしくは法人」を食品等事業者と定義している。

■ 図表3-1　飲食店における情報の非対称性

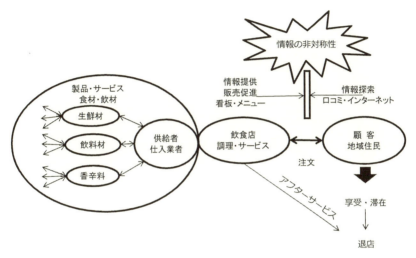

［筆者作成］

　飲食店は、提供する製品の材料（食材）を仕入れ、毎日の販売量を見込み、加工する（仕込む）。消費者は、多々ある飲食店の中から飲食店を選択し、来店する。着席後飲食店が提示した料金と内容が記載されたメニューから、食料品、飲料を選択（購買決定）する。そして、飲食店は、注文に従い、最終調理を行い、提供する。消費者は、提供されたメニュー（製品）を、飲食（消費）し、退店時に対価を支払う。
　製品の購買（注文）とともに、ほぼ同時にその製品・サービスを受ける（享受）とともに、その製品の評価も行う点においては、コトラーが「購買後の行動」と定義していたプロセスが一度に集約された製品・

サービスである。その点においては、製品経済の次のサービス経済における製品・サービスであることがわかる。さらに、飲食は、「経験の社会経済」において、その本来の「ものを食べること」のみならず、人と人のつながりを深めたり、コミュニケーションの場を提供したりするなど、様々な役割を果たしてきた」とする[注26]。消費者は、一人で飲食店を利用することは少ない。特に昼食時は、事前に誰と行くかを考えていくほど、他者との関係性が深い行為である。さらには、飲食することも目的だが、気分転換や情報交換、意思伝達、家族團欒などそこにいる他者とのコミュニケーションも目的の一つである。そのような場としての属性を持つ飲食店は、情報の非対称性を解消すべく、店舗の前に看板やメニュー台を置き、製品・サービスの内容と価格を含めたメニューとして設定し、店舗内もテーブルの上に設置すると共に、チラシやインターネットなどで店内の装飾や付帯するサービスに関する情報提供を行う。消費者もまた、飲食店のメニューだけでなく場所、店内の雰囲気などについて、情報を探索する。それでも、飲食店の提供するのは文字や写真であり、味はもちろん香りや温もりなど実際とイメージの間には埋めきれない溝があるため、情報の非対称性は解消されない。それでも、不安な消費者は、インターネット上の口コミサイトなどでの評価を参考にし、できるだけ期待に近いイメージの飲食店を選択しようとする。飲食店は、実際の利用での評価を補強するために、ポイントカードなどアフターサービスに力を入れることにより顧客との関係性を深め、再購買へ導こうとする。これらの飲食店と顧客との関係を図表3-1にまとめた。

　飲食店における消費者行動を、コトラーの5段階の購買プロセスに落とし込んだのが図表3-2である。

■ **図表3-2　飲食店における5段階の購買プロセス**

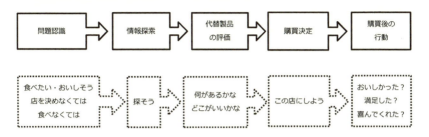

［コトラー＆ケラー（2008）[注9]より引用のうえ筆者加筆修正］

　第1段階の問題認識では、空腹を感じて何かを食べたい、おいしそう、食べなくてはいけないなどの内部刺激や、看板、チラシなどの外部刺激、そして数人で飲食する場所を決めなくてはいけないなどの外的圧力から、飲食店を選択したい、しなければいけないというニーズ（欲求）への関心が引き起こされる。そのニーズ（欲求）が動因または誘因となり、対象となる飲食店に対して興味を抱く段階である。その時点で、その参加者や会合の趣旨を把握する。

　第2段階の情報探索では、ニーズ（欲求）への関心を覚醒させた消費者が、ニーズを満たす飲食店について情報を収集する段階である。この覚醒には2つのレベルがあり、飲食店の情報に敏感になっている高められた注意のレベルと、そして、ニーズが高まることで、いままでの利用経験や、知人との話題（口コミ）、インターネットやチラシなどや下見から得た情報などによって、情報を集める積極的な情報探索のレベルがある。その情報源としては、家族や友人、隣人、知人などの人間関係による個人的情報源、飲食店が直接発信する商業的情報源、マスメディアを使って発信する公共的情報源、消費者自身のいままでの利用経験からくる経験的情報源がある。

　第3段階の代替製品の評価では、情報の探索によって絞り込まれた

消費者のニーズを満たす飲食店を、価格帯、料理の種類や国籍、店舗の雰囲気、大きさ、サービスなどの属性やブランドイメージなどの項目を比較する。そして、絞られた候補のすべてを天秤にかけ、優先順位をつけたうえで絞りながら、全ての要素をある程度含有する特定の飲食店を選択する。

　第2段階、第3段階においては、飲食店の選択における購買プロセスは、情報を組織化、統合化し、その飲食店に期待する基準を設定し、それをもとに候補に挙がった複数の代替製品から比較、評価したうえで1つの飲食店を選択するまでのプロセスである。飲食店に関する膨大な情報の流れを整理し、知名集合から、考慮集合へ、そして選択集合へ収束させるプロセスである。

　第4段階の購買決定では、前段階で選び出した選択集合である飲食店から、最終的に1つの飲食店を決定する段階である。事前に決定し、予約を入れる場合もあれば、ほとんど行き当たりばったりの場合もある。参加者や会合の趣旨によっては1年前から予約を入れたりする計画的な購買決定から、歩きながら店舗を探索し決定する無計画な購買決定まで幅広い。

　第5段階の購買後の行動においては、店舗でメニュー（製品）が購買され、料理やサービスが提供（享受）され、その時間を同行者と共に過ごす（滞在）。その際の同行者は、店舗選択（購買決定）にかかわったかどうかに関係なく、全員が利用者であるとともに評価者として、それぞれのなかに、その店舗を使用した情報（経験）が蓄積する。ここでの評価は、同行者全員が再購買の可能性を秘めており、満足度が高ければ再購買の予備軍として、低ければ再購買の阻害要因として口コミが広がるので、重要である。購買後の行動に、店舗でメニュー（製品）が購買され、料理やサービスが提供（享受）され、その時間を同行者と共に過ごす（滞在）という概念を付け加えてまとめたのが図表3-3である。

■ 図表3-3　飲食店における購買後のプロセス

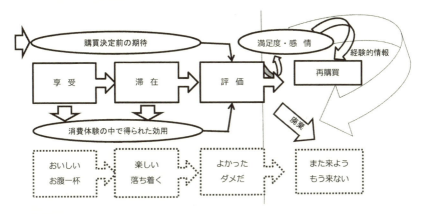

［筆者作成］

　飲食店における消費者行動は、料理やサービスを享受し、店舗で同行者とともに滞在する行動、さらには今回の消費経験に関する評価がすべて含まれている。評価においては、来店前にその店舗の過去の消費経験や情報探索によって得た他の飲食店の情報によって形成された期待水準と、料理やサービスの享受、他者とともに共有する滞在という消費体験を経て得た効用の知覚水準の一致度によって決定され、満足度として表現される。

　利用者の飲食店における消費経験への評価が期待通りであれば、一定の満足度を得ることはできるが、再購買において、その店舗は代替製品の評価の段階で、他の飲食店と同様厳しい評価にさらされる。利用者は、期待に対して予想以上の効用を得ることができたとき、満足度の高い評価を行い、再購買においても、選択集合として強く認識されるので、購買後の行動によって得た満足度は、経験的情報として、第2段階の情報探索の情報源となる。

　一般的に、購買決定から実際に飲食店を利用するまでの期間が長け

れば長いほど期待は、購買決定者だけでなく同行者の中でも膨らみ、その消費体験を通して満足度が得られれば、再購買の予備軍へ移行する可能性がある。このような、いい循環を繰り返しているうちに、利用者はその店舗に対して満足度の高いイメージを抱くようになり、利用者の中に、ブランドが形成され、常連客となるといえる。

これらを実在するインド料理店の顧客を対象にアンケート[注27]を行い、前章で明らかにした消費者行動を実証した。

アンケート回答者の属性[注28]は、周辺に居住する住民で、30代、40代中心の、徒歩もしくは車で15分圏内の顧客である。

つぎに、利用頻度と利用形態について、図表3-4でまとめる。

■ 図表3-4　顧客の利用形態

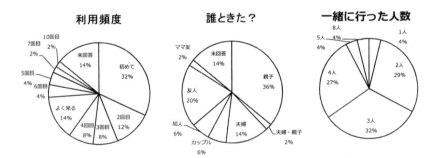

［筆者作成］

利用頻度は初めてが32%、よく来るは14%、2回目12%、3回目、4回目が8%と続く。再購買の観点から2回目から3回目までが初心者、4回目以上が常連客とした場合、初めてが32%、20%が初心者で、34%が常連客となる。また、2回以上が複数回利用ということでリピーターとした場合、54%がリピーター（再購買者）である。

利用形態は、親子が36%で最も多く、夫婦の14%、夫婦・親子の2%

を合わせると52%となり家族の利用で約半分を占める。知人、カップル、ママ友などの家族以外の関係は34%であった。一緒に行った人数は、3人が32%、2人が29%、3人が27%とほぼ同じ割合ながら、2〜4人の利用で88%を占める。

　利用頻度においては、初めてが32%、20%が初心者で、34%が常連客となり、常連客と初めての来店者に支えられているものの、2回目3回目への利用が進んでいないことがわかった。利用形態においては、親子が最も多く、夫婦などを含めると52%が家族の利用で、知人友人などは34%で、基本的には家族の利用に支えられ、知人や友人との利用に広がりを見せていないことがわかった。一緒に行った人数は、2〜4人の利用で88%を占める。

■図表3-5　顧客の認知度

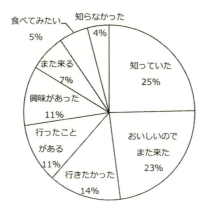

［筆者作成］

　認知度については図表3-5に示してあるように、知らなかったが4%で、通りがかりか、店舗の看板などにひきつけられたか、誰かに連れられてきたものと考えられる。対し、知っていたのは25%と、興味が

小規模飲食店における消費者行動の分析　49

あった11％をあわせて36％は、情報探索のうちニーズへの関心の覚醒の情報探索の段階で、店舗に関する情報に敏感になっている高められた注意のレベルにある。食べてみたい5％、さらに欲求度の高い行きたかった14％とあわせて19％は、比較検討する積極的な情報の探索のレベルである。合計55％は情報探索の段階にいる。購買後の行動の評価段階においては、行ったことがある11％は、期待通りの評価で、おいしいのでまた来たは23％で期待以上の評価を得て、また来るは再購買への意思表示と考えられ、経験的情報からかなり評価の高い顧客が41％である。このことより、購買後の行動における評価は、経験的情報として再購買の情報探索、代替製品の評価にかなり影響を及ぼしていることがわかった。以上のことを図表3-6にまとめる。

図表3-6　インド料理店の認知度と購買プロセス

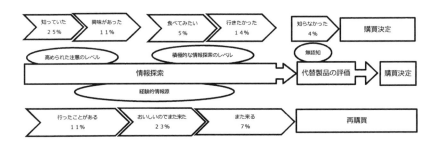

［筆者作成］

アンケートの利用頻度から消費者の動向は、32％が初めての利用で、利用が2〜3回の初心者20％、4回以上の常連客34％という構成から、初めての利用者も結構いるが、2回目以上の利用までの継続的利用の意思はあまり見受けられず、常連客中心の構成になっていると言える。

よって、周辺に居住する住民で、常連客の利用が多く、新たな利用者

についてはそこそこだが、リピーターまでの欲求が覚醒していないことがわかった。さらには、家族形態での利用が52％を占めており、家族以外での知人、友人への利用の広がりは見えてこない。利用人数は、2〜4人が89％で、家族、知人も少人数での利用が多いのが特徴である。情報の探索レベルにおいては、ニーズ（欲求）への関心の覚醒の段階が36％であるが、積極的な情報探索の段階は19％と、あまり移行していない。また、経験的情報から購買後の高い評価で再購買している顧客（常連客）は41％で、一度利用すればかなり高い評価をしているのと同時に、常連客が半数近くを占めていることが浮き彫りになった。

3.2 ｜ 消費者行動における消費者のニーズ（欲求）

前章第3節にて、消費者には、その消費者行動への関わりによって、多面性があることを指摘した。飲食店の場合はどうだろうか。

まず、問題認識者は、空腹を感じて何かを食べたい、おいしそう、食べなくてはいけない、数人で飲食する場所を決めなくてはいけない、と飲食店を選択しなければいけないことを認識する。その時点で、その参加者や会合の趣旨を認識する。そして、情報収集者は、いままでの利用経験や、口コミ、インターネットやチラシなどから、その場に最適の店舗が候補として挙げる。つぎに比較検討者によって、候補が絞られ、意思決定者によって決定される。その決定に際して、ニーズ（欲求）を満たす各々の要素を明確にし、選ばれた候補のすべてを天秤にかけ、優先順位をつけたうえで、全ての要素をある程度含有する飲食店を選び出し、合理性を最後まで追求しながら飲食店を判断するのである。その際、一人の消費者がすべてのプロセスを担うのではない場合、数人の合議により、比較検討され、仕事の上司や家族の年長者

などの影響者の意見も汲み上げたうえで、決定される。また、各々の支払いではない場合、全額もしくは数人分の価格を支払う資金提供者がいる場合、事前に了解が必要な場合もある。

そして、その店舗でメニュー（製品）が購買され、サービスが提供（享受）され、その時間を同行者と共に過ごす（滞在）。その際の同行者は、店舗選択（購買決定）にかかわったかどうかに関係なく、全て所有・使用者であるとともに評価者として、その店舗を使用した情報（経験）が蓄積する。ここでの評価によっては、同行者全ての再購買の可能性を秘めており、再購買の予備軍となるので重要な意味を持つ。

さらに、人は年齢とともに経験を重ね、ライフサイクル[注29]、ライフステージ[注30]によっても飲食という消費経験のもつ意味が変化する。物事がわかり始めるころから、親に連れられる形で飲食店を利用している。近所の中華料理、うどん屋、ファミリーレストランなど家族の思い出とともにその店のメニュー、雰囲気、味など漠然と記憶に残る。この時点から飲食店を利用するという意味での経験は始まっている。中学、高校生になると学校の食堂やコンビニ、仲間うちでの外出時において、親の財布ながら飲食店の独自の利用が始まる。しかし、予算は非常に限られたもので、大人数のグループでの利用など仲間との飲食が中心になる。専門学校や大学生になってアルバイトするようになると、自分で自由に消費できるお金が増え、飲食店の利用も増え、様々な人との交流を重視し、より高次な欲求に目が行くようになる。そして、社会人になり、一定の所得が安定的に入るようになって初めて自分の意思での消費経験が始まる。ただ、企業に属する場合は、参加が義務付けられた飲み会、宴会などがあり、同僚との会合が増え、その合間を縫って友人や知人との時間を過ごすために飲食店の利用が始まる。特に、勤務時間中において、仕事上の飲食や日々の同僚との昼食、仕事終了後の飲み会、業務関係者との飲食、部や課単位の飲み会、忘

年会、新年会、送別会などの定例会など会社組織のコミュニケーションの場として利用する。

　社会人としての年数を重ねると、結婚という転機を女性に限らず男性も迎える。お互いの家族との食事会、そして、子供の出産を機に変化する。乳幼児の時期は飲食店が限られているものの、物事がわかり始めたころに前述のとおり子供を中心とした飲食店の利用の機会が増える。そして、母親となった女性は、同年代の子供を持つ母親達とコミュニティを形成する。子育てにおける不安や情報を共有する場に飲食店が利用される。さらに子供が手から離れると、保護者グループでのコミュニティを形成する。思春期や成績、進路などの情報を共有するのだが、その場には子供がいないので、飲食店を選択するにあたっては、大人本位に店舗が選択されるので女性同士の嗜好が反映される。その間男性は、仕事を基礎とした飲食の機会の域を超えず、同様の選択行動をメンバーを変えながら継続する。しかし、役職が上層になり、資金的余裕がでてくると、より上級の飲食店を選択する。同時に、消費経験を重ねている女性も、より上級志向になり、家族での飲食店の選択も、子供が大人になってきたこともあり、同調していく。

　このように、消費者は再購買をおこない、コミュニケーションの場としての飲食経験を積み重ねながら役割を変え、相手を変えながらまた新たな飲食に関する製品・サービスの購買行動を繰り返していく。情報探索の段階における消費者自身の持つ経験情報源は、その消費者の飲食経験の分だけ存在することになる。それだけに各々の飲食店での消費経験を通じた評価は、購買プロセスにおいても重要である。

　飲食店を選ぶ際、消費者はどのような欲求を内発しているのだろうか。飲食業におけるマズロー欲求階層説から、5段階の欲求に基づき、その時の欲求に見合った飲食店を選択するのかどうかを検証するため、インタビュー[注31]を行った。40代以上の男女2名ずつで、会社を経営

するなど社会的地位も高く、収入もあり、飲食に対してもこだわりを持つ人物に対し、昼食の時間帯に飲食店を選択するときの動機や、心理についての質問を行なった。その結果、消費者は、飲食店を選択し、利用するにあたって、どのような欲求を持ち、選択した飲食店にどのような機能を、属性を期待するのかをマズローの欲求階層説をもとに検証した。

■ 図表3-7　飲食店を選択するときの欲求の階層

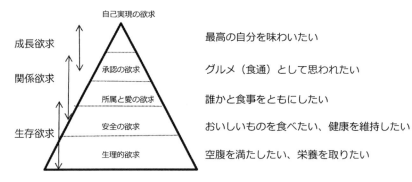

［筆者作成］

　飲食における生理的欲求とは、生命維持のための食事に限られ、睡眠や排泄などの本能的な欲求と同じレベルに属するが、精神、身体上良好な状態が保てない場合は、この欲求さえも失うほどの根源的な欲求である。飲食店を利用し食事をする消費行動は、在宅での食事同様この欲求を起点とする。現実には、とにかく、時間もなく空腹を満たしたい、昼食をとっておきたいときに起きる欲求で、コンビニの弁当や牛丼、ハンバーガーなどのファーストフードなどを利用する。
　次に、飲食における安全の欲求とは、飲食そのもの製品を通しての安全性、経済的安定性が保証され、飲食した結果良い健康状態、精神、

身体が良好な状態、標準的な暮らしの水準を維持したいという欲求である。食事をするにあたり、バランスのとれた食事がとることができ、体にいいものが提供され、健康を維持したいという欲求を日常的にもっている。ある程度時間をかけて、しっかりと昼食をとりたいときに起きる欲求で、定食もの、セットメニューがあるもので、過去に利用してよかったところや、フランチャイズの店舗を利用する。食事という製品が、コモディティ化し、食材よりもその製品を飲食することによって得られる味覚からくる満足感に重点が置かれている。近年においては、人工的な調味料等により、安全が脅かされているという指摘もあり、食材に関しては産地偽装などの問題も取り沙汰され、食材のトレーサビリティ[注32]が要求されるなど、飲食店側には高次な要求がなされている。

　そして、飲食を通しての所属と愛の欲求とは、日常生活のなかで情緒的な関係、他者に受け入れられている、どこかに所属していたいという感覚を欲しており、他者との関係の構築、継続する場として、飲食店を利用する。食事を共にしたい他者と利用するので、その相手の趣味、嗜好を尊重するという。料理の内容よりも、その他者との過ごす時間、空間を重要視する。安全の欲求段階で選択した店舗に加え、フレンチやイタリアの西洋料理などの様々な文化をもつ国籍の料理も選択肢に加えられる。2人であれば相手の好みにあった、3人以上のグループであれば多数が好みそうでかつ、陽気、明るい、にぎやかなど食事の空間として、いい雰囲気を醸し出してくれるような店舗を選択するという。

　さらに、承認（尊重）の欲求は、自らが所属する集団から、自分自身が価値ある存在と認められ、尊重されることを求める欲求であり、他者からの尊敬、地位への渇望、名声、利権、注目を求めるものである。多くの飲食店利用の経験をもつことにより、おいしい店をたくさ

ん知っている人、そして料理、その料理の背景となる知識を知り尽くしている存在である「グルメ」と言われたい願望であるという。少し高そうだが入ってみたい店や、テレビや雑誌などメディアで紹介されている店、口コミなどで評判のいい店が選択される。ミシュランガイド[注33]など飲食店の格付け本が出版されるなど、質や格式の高い飲食店の情報はあふれている。知っていても時間や予算の関係上普通の階層には利用できないところを利用したい、多様な店舗の利用経験をもち、料理やお酒、作法に対する知識も保有する「グルメ」になりたいという願望が明確であった。店舗をよく知っていることもあり、店の手配を任されることが多く、人間関係を構築する場として利用しながら、飲食に関する知識習得の場としても活用している様子が伺える。

　そのうえで、承認の欲求は、自己尊重感、技術や能力（スキル）の習得、自己信頼感、自立性を得ることで満たされるので、他人からの評価よりも、自分自身の評価を重視している。飲食に関する知識、調理の知識、マナーの習得に結びつき自己成長（チャレンジ）に向けて動き出し、積極的に他者との交わりの場を持つようになる。そして、所属するグループのコミュニケーションの場である飲食店の選択を任されたり、メニューや予算を取り仕切るようになりたいという願望がある。

　最終的には、自己実現の欲求として、自分の持つ能力や可能性を最大限に発揮し、具現化して自分がなり得るものにならなければならないという欲求に応えるべく、ある特定の分野の飲食店には誰よりも詳しくなりたいと考える。ただ、詳しいだけにとどまらず、他者との関わりを深める場として積極的に行動し、より高レベルの飲食店を利用し、その商品（サービス）については誰よりも詳しくなりたいと思う。また、日常生活において新しいことへのチャレンジや苦難を乗り越えた自分へのご褒美として、価格での障壁を感じることなく店舗を選択

できる状態になりたいと日々考えているようだ。

　自己実現の欲求は、仕事やプライベートで何か大きな目標を達成したとき、契約相手や同僚、大切な人、家族と食事にいく場面が多く、最高のメニュー、サービスを受けることができる懐石料理、割烹料理、高級寿司店、鉄板料理、フレンチ、イタリア料理などが選択され、最高の空間に自分がいることを味わうことに重きを置いている。

　以上のように、消費者は、仲間などの集団への関わりを深めたいという関係性の欲求を持ちながら、その集団のなかで料理や店舗の事に詳しいグルメとして尊敬され、店舗の選択を任されたい、そして、いつかは高級な飲食店で最高の自分を感じたいという成長への欲求があることがわかった。これらのことを図表3-7にまとめた。

　マズローの欲求階層説については、低次の欲求を満たして高次の欲求に段階的に推移するといわれているが、欲求は、その階層の積み重ねではない。飲食店の消費経験を積み重ねて、様々な飲食店の属性を知り、その時のニーズに合った飲食店に関する情報を、過去の消費体験や市場に溢れる情報を探索し、全ての代替案を評価したうえで飲食店を選択する。5つの階層は必ずしも相互に独立しておらず入り交じっており、さらに階層の次元には個人差が見られる。同じ飲食という購買行動を何度も繰り返し、経験を積み重ねているうちに、各々の欲求と向き合い、その欲求を満たし最高の効用（満足度）を得られるであろう製品・サービスを選択することができるようになる。

3.3 ｜ 飲食店での消費行動を通じた感情の動き

　購買後の行動において、飲食店における消費経験への評価が期待通りであれば、一定の満足度を得ることはできるが、再購買において、

その店舗は代替製品の評価で、他の飲食店と同様厳しい評価にさらされる。利用者は、期待に対して予想以上の効用を得ることができたとき、満足度の高い評価を行い、再購買においても、選択集合として強く認識される。購買後の行動によって得た満足度は、経験的情報として、第2段階の情報探索の情報源となる。購買後の行動における満足度の評価から生じる感情が、再購買の情報探索の段階で、経験的情報源として重要であることがわかった。その飲食店に対する評価の基礎となるのが、飲食店の消費経験から得ることができた価値であり、購買前の段階から抱いていた期待との比較で評価されるので、その価値とは何かを見つめる。購買プロセスのなかで作り上げた飲食店のイメージの総体であるブランドを通して、どのような価値を感じるのだろうか。デービット・A・アーカーの提唱するブランドの価値提案から、飲食店が、顧客に価値を提供するブランドによってもたらされる、機能的便益、情緒的便益、自己表現的便益について分析する。

　飲食店における機能的便益とは、提供されるメニューの種類、味、ボリューム、店舗の内装、広さ、雰囲気だけでなく、他者とのコミュニケーションの場などが挙げられる。ともに行く家族との団欒、知人やカップル、仲間、情報交換や気分転換のため会社の同僚と場を共有することにより所属と愛を確認する場としての機能である。情緒的便益とは、その飲食店において、飲食における製品・サービスから得られる、機能的便益を得た満足感に加え、飲食をともにする時間を他者と分かち合うことにより感じる連帯感や落着き感などである。自己表現的便益は、高級なフレンチや会席料理など、高いレベルの飲食店舗を利用し、「グルメ」であることが認められ、さらには高級感に浸りながら、なりたい自分を実現している時間を楽しむ、自己実現が得られる感覚である。実際にアンケートで得られた満足度の内容を便益別にまとめたものが図表3-8である。

■ 図表3-8　顧客満足度

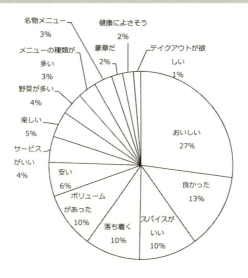

［筆者作成］

　機能的便益で見れば、おいしい27％、スパイスがいい10％、ボリュームがあった10％、安い10％、サービスがいい4％、野菜が多い4％、メニューの種類が多い3％、健康によさそう2％で70％を占める。情緒的便益は、良かった13％、落ち着くが10％、楽しいが5％、豪華だが2％であわせて30％で、自己表現的便益は見当たらない。7：3の割合で機能的便益と情緒的便益で満足度（効用）が構成されている。顧客は機能的便益が基本であり、そこの効用の度合いにより情緒的便益を感じている。

　インド料理店の顧客の満足度（感情）を、定量的分析から円環モデルに落としこんだのが図表3-9である。

■ 図表3-9　顧客のインド料理店に対して持つ感情

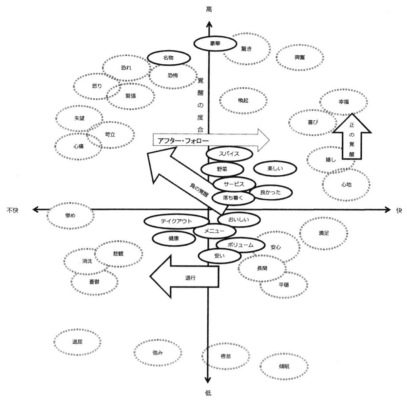

［ラッセル・感情の円環モデル、上原聡（2008）[注21]より引用のうえ筆者加筆正］

　利用者、特に、常連客の内面においては、アンケートの結果にもあったように「おいしいのでまた来た」などと内発的な購買動機付けが行われている。そのメニューやサービスを購買し、同行者とのコミュニケーションの場として時間を過ごす（滞在）消費経験を通じて、購買前の期待との一致度から満足度を表出する。再購買の（また来る）ためには、いままでの飲食店における消費経験で得た感情の快感情と覚醒度合をさらに高められている（正の覚醒）。再度飲食店を利用したと

き、単なる飲食経験の繰り返しが行われるならば、満足を得られながらも期待通りの効用を得られる安心感から、利用者は、メニューの品質やサービスの低下、店舗内の雰囲気の悪化などに激怒や苛立ちを感じたり（負の覚醒）、何も変化がなさすぎると退屈感に満ち溢れ不快感情へ移行（退行）し、その飲食店において顧客が離れていくことが懸念される。

　利用者の感情としては、メニューの内容やおいしさ、ボリューム感などの機能的便益に対して満足や安心を感じ、満足度の必要不可欠な部分としているので、快感情は比較的高いが覚醒度合いは低い。そして、飲食を共にした時間で楽しさ、良かったと感じ、総じて落ち着きを感じることにより覚醒度合いを高めている。どれも快感情であるもの、覚醒の度合としては低い段階であり、豪華さや名物メニューに覚醒の高いものを求めている常連客の感情が全面的に出ている。チクセントミハイ（2010）は、「全般的な傾向として、食事はより幸福」な状態を感じる行為としている。飲食店の変わらない機能的便益に安心感じながら、同行者との関わりあいを深めることで覚醒度合いを高め、幸福なひとときを感じたいという飲食店での常連客の感情が示された。

　飲食店における常連客は、毎回の利用で正の覚醒を覚えており、いままでのメニューやサービスから得られた評価の安心や満足に加え、同行者との関係で生まれ、分かち合う楽しさや落ち着き、さらには豪華さや名物などに興奮、驚きをおぼえるなかでの幸福、喜びを感じている。

　つぎに、アンケートから得られた期待される属性を便益別にまとめたのが図表3-10である。

■ 図表3-10　飲食店に期待される属性

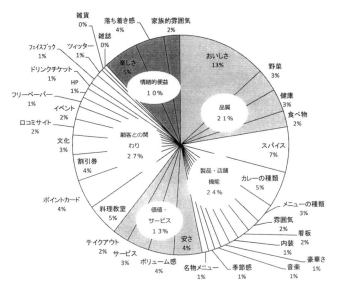

［筆者作成］

　インド料理に求める属性としては、機能的便益のうち品質に関するものは、おいしさ13％、野菜3％、健康3％、食べもの2％の21％、製品や店舗の機能に関するものはスパイス7％、カレーの種類5％、メニューの種類3％、雰囲気2％、看板2％、内装1％、豪華さ1％、音楽1％、季節感1％、名物メニュー1％の24％、価値やサービスに関するものは、安さ4％、ボリューム感4％、サービス3％、テイクアウト2％の13％、顧客との関わりに関しては、料理教室5％、ポイントカード4％、割引券4％、文化3％、口コミサイト2％、イベント2％、フリーペーパー1％、ドリンクチケット1％、ホームページ1％、ツイッター1％、フェイスブック1％の27％、情緒的便益は楽しさ5％、落ち着き感4％、家族的雰囲気2％で10％を占める。

　90％を占める機能的便益のなかでも、品質に関するもので21％、製

品や店舗の機能に関するものが24%、顧客との関わりに関するものは27%、価値やサービスに関わるものが13%である。

これらにより、地域の常連客を中心としたこのインド料理店の顧客は、満足度を得られた料理内容の質を期待しながらも、文化、雑貨などインドにおける日常生活の情報を、定期的に飲食や料理教室などのイベントを通じた消費経験の中で習得していくことにより、自分自身の経験的情報源からの情報探索において内的な成長動機を刺激し、欲求への関心を覚醒させていることがわかった。

インド料理店における消費者行動における消費者の深層心理をより深く知るため、アンケートの自由記述欄に記載された事項をメタファー分析[注34]を行った結果が図表3-11である。

■ 図表3-11　顧客の深層心理

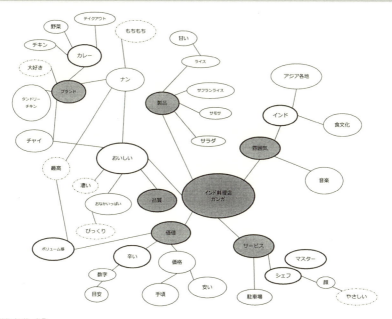

［筆者作成］

小規模飲食店における消費者行動の分析　63

メタファー分析においても、機能的便益がかなりの部分を占めていた。インド料理のイメージの総体であるブランドは、ナンやカレー、タンドリーチキン、チャイなどで構成され、「大好き」という情緒的便益を生み出している。機能的便益の中心となる「おいしい」はナンとチャイで「凄い」、ボリューム感とあいまって「最高」、サービス面では（インド人）シェフの顔から「やさしい」という情緒的便益を生み出している。機能的便益を生む価値としては、前出のボリューム感、辛さ、価格の安さ、手頃（感）があり、製品としては、サフランライス、サモサ、サラダとインド特有のメニューが提示されているが、情緒的便益は生んでいない。あと、アンケートにもあったように機能的便益を生む（店舗の）雰囲気に、インドの食文化や音楽が見られる。特に、文化については、「期待される属性」でも上げられていたが、必ずしも飲食店では製品・サービスとして設定しているものではない。

　主にナンとチャイが際立ち、おいしさとおなかいっぱいのボリューム感が情緒的便益を生み出していることがわかった。そして店舗の雰囲気を演出する音楽だけでなく食文化も機能的便益を生むことがわかった。

　来店者の深層心理において、ナンやカレー、タンドリーチキン、チャイなどで構成されるブランドを維持されており、製品として機能的便益の評価の高いナンとチャイ、安さで高い満足度を得ながら、おいしさとボリューム感で情緒的便益を、あらたに、インドの食文化の情報提供を求めている。

　これらのことから、当該インド料理店の顧客は、スパイスの効いたカレーの種類が豊富であり、価格面の安さ、ボリューム感、おいしさによる効用（満足度）を常に求めている。この店舗での消費経験を通じ、楽しさ、落ち着き感、家族的雰囲気が味わえることを期待している。店舗と顧客の関係性において、割引券やポイントカードもあれば

いいが、口コミサイトやフリーペーパーなどの媒体への掲出や、ホームページやツイッター、フェイスブックなどのソーシャルネットワークでのつながりはあまり求めておらず、料理教室やイベントなどの直接的なふれあいのなかで、インドの文化に触れたい願望が読み取れる。

また、インドについては、来店者はとても興味を持っており、インドの文化はもちろん、インド人の日常生活に対しても興味を示していることが、図表3-12のアンケート結果にも表出していた。

図表3-12 インドに対する興味

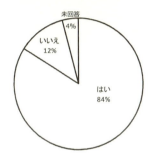
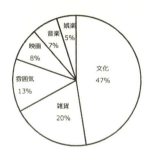

［筆者作成］

インドについての質問では、84%のほとんどの人が興味があると答えた。そのうち文化については47%と約半数、雑貨20%、雰囲気13%、映画8%、音楽7%、娯楽5%とインドについてだけでなくインドにおける日常生活にも興味深いことがわかった。インドに関しての興味は、本来インド料理店が提供する便益の中には含まれないが、ほとんどの顧客が、文化、雑貨、雰囲気に対して、音楽、娯楽と日常生活の一部として興味を抱いている。

■ 図表3-13 インド料理店におけるフロー状態

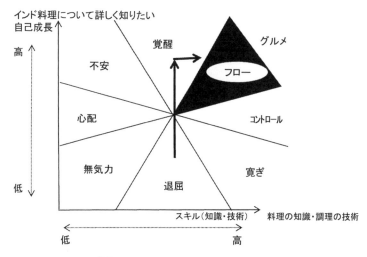

［チクセントミハイ（2010）注22から引用のうえ筆者加筆修正］

　飲食経験におけるフロー状態とは、「グルメになりたい」という目標を志向し、自分がどれぐらいのレベルの「グルメ」であるかが、利用回数や料理への知識、インドの日常生活への知識の程度により自分で認識でき、現在の消費行動に自分の知識、能力が適合しているときに生じる感覚である。利用者はメニューやサービス行為を熟知し、コントロールできていると感じ、何がでてくるのか、どのようにして食べるのか、同行者とどのようなコミュニケーションをとるかに注意が強く集中している。そのため、自意識は消え、時間の感覚はゆがめられる。このような消費経験は非常に楽しいので、「グルメ」になるためにその飲食経験を自ら進んで行うようになる。これらをまとめて図表3-13に示した。

　飲食店に対する消費者の持つ欲求に関するインタビューから、消費者は、仲間などの集団への関わりを深めたいという欲求を持ちながら、

その集団のなかで料理や店舗の事に詳しいグルメとして尊敬され、店舗の選択を任されたい、そして、いつかは高級な飲食店で最高の自分を感じたいという成長への欲求があることがわかった。アンケートにおいても、期待する属性の中から、文化、雑貨などインドにおける日常生活の情報を、定期的に飲食や料理教室、イベントなど直接のふれあいを通じた消費経験の中で習得したいという願望が感じられる。インド料理店での経験的情報源からの情報探索においてインド料理のことをもっと知りたい、インドに詳しくなりたい、という内的な成長動機を刺激し、欲求への関心を覚醒させていることがわかった。また、消費者の深層心理を分析したメタファー分析においても、「インド」「食文化」に対する意識が表面化している。

インド料理店の常連客は、再度利用する場面において、今度はあれ食べよう、これを頼んでみようと達成できる目標をもち、同行者との飲食経験（消費経験）に没入する。達成度合はおいしさやたのしさなど評価において確認し、最終的には満足度の高い飲食経験として自己に対する報酬として蓄積する。つまり、常連客は、飲食に対する知識（スキル）を積み重ねながら、インド人料理人との会話などで来店ごとにインドそのものの日常に対して詳しくなりたい（自己成長）という願望を持ち、自分の理想とする「グルメ」像に近づこうとする姿が浮き彫りになった。

3.4 ｜ 小括

市場における飲食店の購買プロセスは、一般的な製品の取引に関するものと異なる点がある。製品の購買（注文）とともに、ほぼ同時にその製品・サービスを受ける（享受）とともに、その製品の評価も行

う点においては、コトラーが「購買後の行動」と定義していたプロセスが一度に集約された製品・サービスである。

　飲食店では、購買後の行動に、料理やサービスを享受し、店舗で同行者とともに滞在する行動、さらには今回の消費経験に関する評価のすべてが含まれている。評価においては、来店前にその店舗の過去の消費経験や情報探索によって得た他の飲食店の情報によって形成された期待水準と、料理やサービスの享受、他者とともに共有する滞在という消費体験を経て得た効用の知覚水準の一致度によって決定され、満足度として表現される。

　利用者の飲食店における消費経験への評価が期待通りであれば、一定の満足度を得ることはできるが、再購買において、その店舗は代替製品の評価の段階で、他の飲食店と同様厳しい評価にさらされる。利用者は、期待に対して予想以上の効用を得ることができたとき、満足度の高い評価を行い、再購買においても、選択集合として強く認識されるので、購買後の行動によって得た満足度は経験的情報として、第2段階の情報探索の情報源となる。

　一般的に、購買決定から実際に飲食店を利用するまでの期間が長ければ長いほど期待は、購買決定者だけでなく同行者の中でも膨らみ、その消費体験を通して満足度が得られれば、再購買の予備軍へ移行する可能性がある。このような、いい循環を繰り返しているうちに、利用者はその店舗に対して満足度の高いイメージを抱くようになり、利用者の中にブランドが形成され、常連客となる。

　インド料理店でのアンケートから、来店者は、周辺に居住する住民で、常連客であることがわかった。利用頻度においては、初めてが32％、20％が初心者で、34％が常連客となり、常連客と初めての来店者に支えられているものの、2回目3回目への利用が進んでいないことがわかった。利用形態においては、親子が最も多く、夫婦などを含め

ると52%が家族の利用で、知人友人などは34%で、基本的には家族の利用に支えられ、知人や友人との利用に広がりを見せていないことがわかった。一緒に行った人数は、2〜4人の利用で88%を占める。情報の探索レベルにおいては、ニーズ（欲求）への関心の覚醒の段階が36%であるが、積極的な情報探索の段階は19%と、あまり移行していない。また、購買後の高い評価で経験的情報により再購買している顧客（常連客）は41%で、一度利用すればかなり高い評価を再購買のときの経験的情報としている常連客が、インド料理店を支えている様子が浮き彫りになった。

　また、飲食店の利用に対する欲求については、消費者は仲間などの集団へのかかわりを深めたいという欲求を持ちながら、その集団のなかで料理や店舗の事に詳しいグルメとして尊敬され、店舗の選択を任されたい、そして、いつかは高級な飲食店で最高の自分を感じたいという成長への欲求があることがわかった。

　来店者の深層心理においても、ナンやカレー、タンドリーチキン、チャイなどで構成されるブランドを維持されており、製品として機能的便益の評価の高いナンとチャイ、安さで高い満足度を得ながら、おいしさとボリューム感で情緒的便益を、あらたに、インドの食文化の情報提供を求めている。

　来店者の感情としては、メニュー内容などの機能的便益に対して満足や安心を感じ、飲食を共にした時間の中で楽しい、良かったと感じ、総じて落ち着きを感じている。どれも快感情であるもの、覚醒の度合としては低い段階であり、豪華さや名物メニューに興奮や驚きを感じ、同行者とのかかわりを深めることで覚醒し、幸福や喜びを求めている常連客の感情が全面的に出ている。

　これらのことから、当該インド料理店は、スパイスの効いたカレーの種類が豊富であり、価格面の安さ、ボリューム感、おいしさなどの機

能的便益の提供による効用（満足度）が常に求められている。この店舗での消費経験を通じ、情緒的便益から楽しさ、落ち着き感、家族的雰囲気が味わえることが期待されている。店舗と顧客の関係性において、割引券やポイントカードもあればいいが、口コミサイトやフリーペーパーなどの媒体への掲出や、ホームページやツイッター、フェイスブックなどのソーシャルネットワークでの関係性はあまり求められず、料理教室やイベントなどの直接的なふれあいのなかで、インドの文化に触れたい願望が読み取れる。

　インドについての興味は、本来インド料理店が提供する便益の中には含まれないが、ほとんどの顧客が、文化、雑貨、雰囲気に対して、音楽、娯楽とともに日常生活の一部として興味を抱いている。何度も再購買を繰り返す顧客（常連客）は、飲食に対する知識（スキル）を積み重ねながら、インド人料理人との会話などで来店ごとにインドそのものの日常に対して詳しくなりたい（自己成長）という願望を持ち、自分の理想とする「グルメ」に近づこうとする姿が浮き彫りになった。

第4章 小規模飲食店における消費者行動を踏まえた考察

　コトラーの購買意思決定プロセスのうち、購買後の行動を所有、使用、評価と区分し、補強した。飲食店にとって消費者の購買意思決定プロセスは、製品・サービスがどの行動段階で購買候補から抜け落ちているのかを考察することで、強化するべき方策を見出すのを手助けすると考えられる。第1段階では、市場調査不足などにより消費者ニーズを把握できていないことや、ターゲットとする顧客の選定が適正でないなどの問題点が浮上する。第2段階では、販売促進が不十分で、その製品・サービスを購買すれば得られるであろう効用などの情報が消費者まで届いていないなどの問題点がある。第3段階では、他の製品・サービスとの比較評価に勝ち残れなかったのであり、その差別化が問われる。第4段階、第5段階では、他の候補が選択された後にもその判断を揺るがすような製品・サービスの提供、顧客とのつながりが求められる。

　これまでの分析において、明らかになったインド料理店における消費者行動をふまえたマーケティングを考察する。購買プロセスを5段階に区分し、分析したコトラーは、統合型マーケティングを追及する一連のツールとしてマッカシーの製品、価格、流通、プロモーションの4つのPを取り上げ、「買い手に影響を与えるために利用できるマーケティング・ツールを売り手の側から見たもの」とするもので、売り手（インド料理店）からみた、消費者行動に対するマーケティングを考察する。

4.1 | 飲食店の提供する製品・サービス（Product）

　インド料理店において、消費者に提供している便益は、アンケートの結果からも、野菜も豊富でクリーミーなカレー、もっちりとしたナン、香りの良いサフランライス、ボリューム感など、機能的便益がほとんどを占めている。来店者の深層心理においても、ナンやカレー、タンドリーチキン、チャイなどで構成されるブランドが維持されており、製品としてナンとチャイには機能的便益の評価が高く、おいしさとボリューム感で情緒的便益を感じている様子が伺える。よって、このインド料理店における製品・サービスは、普遍のおいしさによる顧客の満足度を継続して獲得し続け、他者との関わりを深めている場を提供し、顧客の中にあるインド料理店に対するイメージの総称であるブランドの価値「ブランド・エクイエティ」を高めなければならない。さらには、インドの日常生活に触れることのできる情報や雰囲気作りが求められている。

　このインド料理店の顧客は、周辺に居住する住民、約3割を占める常連客で、家族の利用は多いが、知人や友人との利用は少ない。一度利用した顧客を再購買に導くためにも、カップルやファミリー対象として、盛り合わせ風に提供したり、誰とも気軽に足を運ぶことができるセットメニューや、辛さも3段階にするなど個別対応をおこない、満足度を高める。一風変わったインドビールや、インドワインなどアルコール飲料も用意し、インドの日常生活の情報を加味すれば、経験的情報として強く認識され、再購買のときの情報探索の段階においても、選択集合に残る効果が期待される。

4.2 | 飲食店の価格（Price）

■ 図表4-1　飲食店の価格設定

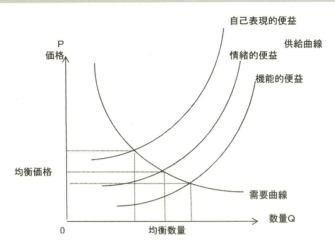

［筆者作成］

　飲食店の価格について図表4-1に示す。縦軸は価格、横軸は数量を表す。価格（メニューの単価）が低いと需要量（注文数）は大きく、価格が高くなるにつれて需要量は少なくなる。消費者が得られる便益から機能的便益、均衡価格である情緒的便益、自己表現的便益の順に提供される数量は減少するものの価格は上昇する。飲食店における機能的便益とは、提供されるメニューの種類、味、ボリューム、店舗の内装、広さ、雰囲気だけでなく、他者とのコミュニケーションの場であり、情緒的便益とは、その飲食店において、機能的便益に対する満足感に加え、共に飲食をともにする他者と分かち合うことにより感じる連帯感や落着き感などである。さらには、自己表現的便益は、高級なフレンチや会席料理など、高いレベルの飲食店舗を利用し、グルメであることが認められ、さらには高級感に浸りながら、なりたい自分を

実現している時間を楽しむ、自己実現が得られる感覚であるので、飲食店においては、提供する便益が高度になるにしがって価格も上昇する。

また、当該店舗周辺に所在する123店舗[注35]の飲食店のランチ価格帯の調査で、5段階の価格階層があること明らかになった。

■ 図表4-2　ランチの5段階の価格帯

価格帯	内　　　容　　　　総数　123店舗
１５００円～２０００円	フレンチ、イタリア、日本（会席、割烹、串、うなぎ）
１０００円～１５００円	フレンチ（ビストロ）、スペイン（バル）、日本（海鮮）
７００円～１０００円	インド料理、日本（そば、うどん、定食）、インドネシア、自然食、野菜料理、中華、洋食、焼肉、フランチャイズ
５００円～　７００円	カフェ、中華、ラーメン、ファミリーレストラン、お好み焼き
３００円～　５００円	コンビニ弁当、ファーストフード　ベトナム２　エスニック１
５０００円以上	フレンチ　６０００円

［筆者作成］

　ランチ（昼食）を対象に消費単価の調査結果を、図表4-2にまとめた。コンビニの弁当、ファーストフード、飲食店、それらのテイクアウトなどの店舗内以外の販売チャネルが上げられる。さらに、飲食店においては、日本料理、西洋料理、中華料理などのカテゴリーもさることながら、店の規模、グレードによって単価は異なる。当該インド料理店を含む飲食店が集積する地域のランチメニューの価格帯を123店舗調査した結果、300円～500円、500円～700円、700円～1,000円、1,000円～1,500円、1,500円～2,000円の5段階あることがわかった。

　このことを、需要曲線と供給曲線に落とし込んだのが図表4-3である。

■ 図表4-3　飲食店の価格と5段階の欲求

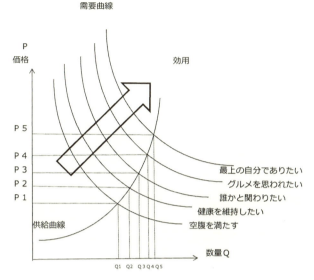

[筆者作成]

　高次な欲求を満たすことのできる飲食店は必然的に、消費単価が高くなるので、需要としては5段階の欲求が存在し、マズローの欲求階層説に従った飲食店選択行動が行われている。その際の効用（満足度）は、各々の階層ごとに存在するので同様価格とともに5段階となる。やはり価格とともに欲求も高度化し、期待を満たした時の効用も高度化する。

　とにかく空腹を満たしたい状態においては、食べることだけに欲求が集中しており、最も低い価格で提供される。健康維持やおいしさの欲求は、安心できる食材の品質、調理技術などが要求されるのでその分価格も上昇する。さらに、同行者とのかかわりを深めたい欲求に対しては、店内の装飾や配慮あるサービスが要求され、価格も上昇する。グルメと思われたい欲求に対しては、グルメが欲する料理に関する知

識,技術の情報を備えていなければいけないので、従業員の資質も問われる分、価格も上昇する。最後に、最上の自分でありたいという欲求に対しては、同時に全ての欲求を満たす完璧性が要求されるので、そのためのトレーニングなど消費者には見えない部分での研鑽が要求されるので、最高の価格となる。

■ 図表4-4　便益と欲求による価格の階層］

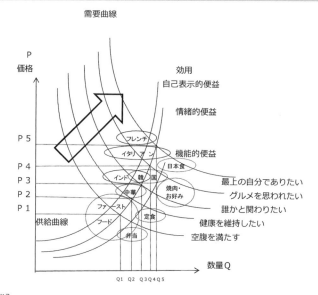

［筆者作成］

　飲食店の価格面について、飲食店が、製品・サービスを通じて消費者に提供する便益により3段階の料金体系が生じるのに対し、消費者は、自己に飲食店を選択するにあたり、飲食店に期待する効用が、欲求の階層性から5段階となる。
　現実にあてはめると、空腹を満たすためのコンビニの弁当やファーストフード、より安全に、安心して健康を維持するための定食やフラ

ンチャイズチェーン店、家族や仲間とともに時間を過ごす焼肉・お好み焼きや中華料理などがある。さらには、その帰属する集団からグルメと思われたいとインド料理を含むエスニック料理、韓国料理、最上の自分を感じる空間として、フレンチ、イタリア、すし、会席などの日本食が存在し、割烹や料亭はさらに其の上の至高の経験にあたると考えられる。これらの内容を図表4-4にまとめた。

　このように、消費者の欲求の階層性をふまえ、飲食店が提供する便益を考慮し、価格設定を行わなければならない。現在は、少し高めの価格を維持しているのに対し、「安さ」において顧客の満足が得られているので、基本的な路線を維持しながらも、提供できる便益、消費者の欲求への対応を柔軟に行い、価格設定していくことが求められる。さらには、価格が高くなっても、インドの日常生活や調理方法も含めた専門的な情報を提供することにより「グルメ」である自分を顕示する自己表現的便益の提供も検討の余地がある。

4.3 ｜ 飲食店における流通（Place）

　店舗で製品・サービスの加工、提供を完結するインド料理店において、流通や販売チャネルはテイクアウト、ケータリング、宅配などが検討対象となるが、今回のアンケートの結果では消費者から求められていない。むしろ、料理教室やイベントなどの直接的なふれあいのなかで、インドの食文化、雑貨、雰囲気、映画、音楽の娯楽などのインドの日常生活に触れたい願望が読み取れた。家族の利用を知人の利用に広げ、1、2度の利用客を常連顧客へ、常連顧客を飽きさせず再購買に導くためにも、よりインド料理店と顧客とのコミュニケーションを深めていく仕組みが求められる。

4.4 | 飲食店における販売促進（Promotion）

　顧客はインド料理店の所在する地域の住民なので、まず認知度を上げる必要がある。そのためには、地域のマスメディアとしてフリーペーパー、チラシなどで消費者に日常生活のなかでインド料理店があることを認知させる。また、道路向け看板、のぼり、電光看板、などにより周辺の通行者にも認知させる。その告知内容に、知人同士で利用しやすい飲食のセットメニューを告知する。インターネット上のホームページや、口コミサイト、ソーシャルネットワークについては、現在は求められていない。

　販売促進は、購買プロセスにおいても情報探索の段階の公共的情報源となるので重要な意味を持つ。さらに、消費者が、ニーズへの関心を覚醒する段階でもあり、そのニーズにぴったり当てはまり、期待通りの効用が得られるような情報が求められる。

　近年、美容と健康のためのインドのヨガに対する注目度と、スパイスの美容と健康への効用が謳われている。また、顧客はインドの食文化をはじめ日常生活の情報提供を求めている。料理やサービスにおいてしっかりとした機能的便益の提供を続け、その消費経験から得られる満足感から情緒的便益を生み、料理の背景となる調理だけでなく文化、日常生活の情報を提供することにより、グルメになれるかもしれないという自己表現的便益に関する情報を提供していく必要がある。

第5章　結論

　消費者行動において、購買行動の指標となる消費経験としての経験的情報を蓄積する購買後行動については、同種の製品・サービスの購買を繰り返す（再購買）にとって重要な意味を持つことがわかった。その購買プロセスのなかでも第2段階の情報探索の後、第3段階の代替製品の評価をするにあたって作り上げられた評価は、1つの製品・サービスを選択した時点で消費者の期待とかわり、購買後実際に所有・使用にあたって得ることができた効用との比較により購買後の行動として評価が行われる。その評価により満足度が確定するとともに感情を生み、再購買においては経験的情報として第2段階の情報探索の情報源となることがわかった。

　また、日常生活において集団のなかで生きていくことを余儀なくされる人間は、集団とのかかわりを深め、その中で尊重される存在になるべく自己成長への願望を内発し、自己実現を目指すに至る様々な欲求を持ち合わせている。このように、消費者に内在する欲求は、生理的物質的欲求を満たしたいという生存欲求以外に、他者との関係を深め、集団に帰属している関係欲求、他者や帰属する集団のなかで認められ、あるべき自分、なりたい自分を実現すべく創造的、生産的でありたいとする成長の欲求の3つが併存しており、購買動機付けの基礎となることがわかった。

　購買行動のなかで、消費者は、購買プロセスの情報探索の段階で、欲求に沿った便益を重点配分をしながら情報収集している。そして、機能的便益、情緒的便益、自己表現的便益を個々に組み合わせた属性を情報収集し、消費者自身の成長動機を刺激する製品・サービスに対す

る期待が、欲求（ニーズ）に対する覚醒度を高めている。

　さらに、持続的に再購買をおこなう顧客（常連客）は、消費経験を通じた経験的情報を取得し、再購買においても何か目標を設定したり、熱中する何かを目の前に置くことで、欲求に対する関心の覚醒度合いを高め、自己成長への意識を膨らませながら、購買ごとにスキル（知識・技術）を高め、フロー状態（没入状態）に陥っていることがわかった。

　飲食店において消費者は、製品の購買とともに、ほぼ同時にそのサービスを受ける（享受）とともに、店舗内で他者とともにした消費経験（滞在）を通して、評価も行う点においては、コトラーが「購買後の行動」と定義していたプロセスが一度に集約された製品・サービスである。その点においては、製品経済の次のサービス経済における製品・サービスであることがわかる。さらに、飲食店は生命維持活動としての「ものを食べること」のみならず、人と人のつながりを深めたり、コミュニケーションの場を提供したりするなど、様々な役割を果たしてきた。

　飲食店では、購買後の行動に、料理やサービスを享受し、店舗で同行者とともに滞在する行動、さらには今回の消費経験に関する評価のすべてが含まれている。評価においては、来店前にその店舗の過去の消費経験や情報探索によって得た他の飲食店の情報によって形成された期待水準と、料理やサービスの享受、他者とともに共有する滞在という消費体験を経て得た効用の知覚水準の一致度によって決定され、満足度として表現される。

　利用者の飲食店における消費経験への評価が期待通りであれば、一定の満足度を得ることはできるが、再購買において、その店舗は代替製品の評価で、他の飲食店と同様厳しい評価にさらされる。利用者は、期待に対して予想以上の効用を得ることができたとき、満足度の高い

評価を行い、再購買においても、選択集合として強く認識されるので、購買後の行動によって得た満足度は、経験的情報として、第2段階の情報探索の情報源となる。

　一般的に、購買決定から実際に飲食店を利用するまでの期間が長ければ長いほど期待は、購買決定者だけでなく同行者の中でも膨らみ、その消費体験を通して満足度が得られれば、再購買の予備軍へ移行する可能性がある。このような、いい循環を繰り返しているうちに、利用者はその店舗に対して満足度の高いイメージを抱くようになり、利用者の中に、ブランドが形成され、常連客へ移行する。

　インド料理店でのアンケートから、来店者は、周辺に居住する住民で、約3割の常連客と同じく3割の初利用者で占める。常連客と初めての来店者に支えられているものの、2回目3回目への利用が進んでいない。利用形態においては、親子が最も多く、夫婦などを含めると半数が家族の利用で、知人友人などは約3割、基本的には家族の利用に支えられ、知人や友人との利用に広がりを見せていない。一緒に行った人数は、2～4人の利用で約9割を占める。情報の探索レベルにおいては、ニーズ（欲求）への関心の覚醒の段階が3割強なのに対し、積極的な情報探索の段階は約2割と、あまり移行していない。また、購買後の高い評価で再購買している顧客（常連客）は約4割で、一度利用すればかなり高い評価をしているのと同時に、常連客がインド料理店を支えている様子が浮き彫りになった。

　また、飲食店の利用に対する欲求については、消費者は、仲間などの集団への関わりを深めたいという欲求を持ちながら、その集団のなかで料理や店舗の事に詳しいグルメとして尊敬され、店舗の選択を任されたい、そして、いつかは高級な飲食店で最高の自分を感じたいという成長への欲求を持つことがわかった。

　来店者は、メタファー分析を行った結果、ナンやカレー、タンドリー

チキン、チャイなどで構成されるブランドを維持されており、製品として機能的便益の評価の高いナンとチャイ、安さで高い満足度を得ながら、おいしさとボリューム感で情緒的便益を、あらたに、インドの食文化の情報提供を求めている。

　来店者の感情としては、メニュー内容などの機能的便益に対して満足や安心を感じ、飲食を共にした時間で楽しかった、良かったと感じ、総じて落ち着きを感じている。どれも快感情であるものの、覚醒の度合としては低い段階である。豪華さや名物メニューに興奮や驚きを感じ、他者との関わりを深めることにより覚醒し、幸福や喜びを求めているという再購買をおこなう常連客の感情が、全面的に出ている。

　これらのことから、当該インド料理店は、スパイスの効いたカレーの種類が豊富であり、価格面の安さ、ボリューム感、おいしさなど機能的便益による効用（満足度）が常に求められている。この店舗での消費経験を通じ、楽しさ、落ち着き感、家族的雰囲気が味わえることが期待されている。店舗と顧客の関係性において、割引券やポイントカードもあればいいが、口コミサイトやフリーペーパーなどの媒体への掲出や、ホームページやツイッター、フェイスブックなどのソーシャルネットワークでの関係性はあまり求められず、料理教室やイベントなどの直接的なふれあいのなかで、インドの文化に触れたい願望が読み取れる。

　しかし、対象とする顧客が、家族から知人、友人に広がりをみせていないので、再購買の時に共に来る相手を拡張させる要素を、情報探索のなかで情報収集できていない。インド料理店における消費経験のなかで、他者との関わりを深めるような機能的便益を感じておらず、積極的な情報探索にいたらず、2回目3回目の利用に結びついていないことが浮き彫りになった。

　また、インドについては、来店者はとても興味を持っており、イン

ドの文化はもちろん、インド人の日常生活に対しても興味を示している。

インドについての興味は、本来インド料理店が提供する便益の中には含まれないが、ほとんどの顧客が、文化、雑貨、雰囲気に対して、音楽、娯楽と日常生活の一部として興味を抱いている。何度も再購買をおこなう顧客（常連客）は、飲食に対する知識（スキル）を積み重ねながら、インド人料理人との会話などで来店ごとにインドそのものの日常に対して詳しくなりたい（自己成長）という願望を持ち、自分の理想とするグルメに近づこうとする姿が浮き彫りになった。

最後に、本研究で明らかになった消費者行動を念頭に、飲食店は消費者に対し、どのようなアプローチをすべきか考察した。製品開発や販売促進だけでなく、店舗や販売経路、価格などのマーケティングのあらゆる分野において、この消費者の各々の欲求に対応した、そしてカスタマイズされた製品・サービスを用意することが重要となる。特に、飲食店において提供する製品・サービスが、どの欲求段階を満たすことができるのかを把握することで、製品の販売促進や、顧客の求める効用について検討のうえ、製品開発を行う必要がある。

本研究で明らかになったように、地域の再購買を繰り返す顧客（常連客）に支えられているこのインド料理店は、満足度を得られた料理内容の質を維持しながらも、他者とのかかわりを深める仕組みを提供する必要がある。さらに、消費経験ごとに文化、雑貨などインドにおける日常生活の情報を提供し、飲食や料理教室などのイベントを通じた直接のふれあう消費経験の中で顧客とのつながりを強くすることが求められている。これらにより、消費者の経験的情報源からの情報探索において内的な成長動機を刺激し、「グルメ」になりたい自己実現の欲求への関心を覚醒させていくことが求められている。

振り返ると、消費者は、情報探索の段階で、ニーズ（欲求）への関心

を覚醒し、情報収集を行い、また、購買後の所有、使用という消費経験を通して得た評価（満足度）や感情を、再購買のときには経験的情報として重要視する。ここまでは、かなり合理的経済人といえる。しかし、情報探索のとき構築した期待と購買後の行動で得た効果の一致評価を行い、ぴったり一致して、満足を得ていたとしても再購買の選択集合には残らない。他者との関係を深め、その集団から認められたい、自分のなるべき自分になりたいという成長動機を掻き立てるような期待を超えた効用が得られないと再購買の俎上には乗らない。消費者は、単純な購買行動のなかにも、他者との関係を深めること、そして自己成長（チャレンジ）と知識や技術（スキル）の向上を求めている。飲食という行為においても、食する立場のマナーや料理内容に詳しくなるだけでなく、他者とのかかわりを深めたいという関係性欲求、その調理方法や背景にある文化、雑貨など広範囲な情報を会得したい「グルメ」になりたいという成長欲求を持っており、飲食が単に生命を維持する行為から関係性消費や文化的消費へと姿を変えている。

おわりに

　小規模企業（飲食店）において、消費者を対象にアンケート調査とインタビューを行い、消費経験を通じた情報や感情の蓄積が、購買プロセスに与える影響を多角的に評価し、かつ論理的に分析した。ここでの検討結果は、常連客と呼ばれる繰り返し購買行動を行う消費者（常連客）が、その購買プロセスを通じた消費経験を通じて何を求めるのかを明らかにするうえで、基礎的かつ有用な情報となることが期待される。

　消費者が、ひとつの効用だけを求めて、合理的な判断において購買行動するならば、その効用が得られる製品・サービスのうち最も安価なものを選ぶだろう。しかし、消費者は、その製品・サービスの消費経験を通して他者とのかかわりを深める関係性、集団から認められ、なりたい自己を実現する成長を求めている。飲食において考えると、合理的な判断においては、スーパーマーケットで食べたいものの最も安価なものを購買するので、わざわざ高価なものを、自宅からしかも服装なども整えて食べに行くという消費者行動は考えられない。情報探索する段階において、関係性、成長の欲求から関心を覚醒させるとともに、感情が情報収集に向かわせる。購買後の行動の消費経験を通しても消費者は、関係性、成長の欲求を実現しようとしており、評価においても得られた効用と一致させ、満足度を確定するとともに感情を生じる。そして、それらはまた、再購買のときの経験的情報として消費者の中に蓄積される。

　消費者行動においては、消費者に内在する欲求が一連のプロセスを進める役目を果たしているといえる。欲求が、情動を引き起こすことによって感情が生じる。よって、消費者に生じる感情は購買プロセス

に多大な影響力を持っており、消費者行動においても重要な意味を持つと考えられる。

　消費者は、同じ範疇に属する製品・サービスを購買する場合においても、消費者自身のおかれた状況などにより、5段階の階層からなる欲求に基づき、検索した情報や経験から得られた効用の蓄積をもとに、その購買によって得られる効用の最大化を目指して比較検討するものの、最終判断においては、感情がその意思決定を左右することがわかった。

　飲食店舗を選択する消費者の欲求は、複雑な感情から構成されており、飲食店に関して経験や経験の豊富な「グルメ」になりたいという意識のなかに、調理や食材、その料理の属する国の文化に対する知識の探求心があることがわかった。消費者の欲求、そこから生じる感情を意識し、製品・サービスの充実とともに柔軟な提供スタイルを適用し、消費者の求める効用への対応は、企業の今後の経営的課題である。このことは、地域に根ざす小規模の企業にとってのマーケティング、さらには、経営の持続、発展を目指すための経営戦略を構築するための重要な要素となりうる。

　また、小規模飲食店について、これらの消費者行動が、インド料理の他に、フレンチ、イタリアン、会席料理、寿司などの和食に適用できるのかを明確にすることは、今後の研究課題である。

　メタファー分析によって、消費者の深層心理に迫り、インド料理に対する興味が、提供するメニューを代表するカレーやインド文化にも及ぶことがわかった。これまで飲食行為は、単純に生命を維持するための行為と考えられていたが、関係性消費、文化的消費の側面を持つことがわかった。飲食店における飲食という行為、家族との団欒、仕事上の接待、恋人とのデートなどの関係性を含み、その重要性は高まっている。高級料理だけでなく日常生活における日本料理が世界遺産に

なり、世界的脚光を浴びていることも、飲食行為が文化的消費であることが反映されているとも言える。
　最後に、もう一度インド料理の消費経験を振り返る。単なる飲食行為ではなく、楽しみ、豊かな生活の一部を形成しており、お腹いっぱいになりたいだけでなく様々な意味がある。漢字検定やご当地検定、ワインソムリエから派生する野菜ソムリエなど消費行動だけに飽き足らず知識の習得、その背景にある歴史文化への造詣を深めようとする消費者の姿が、飲食店においても今後見られることが予想される。

注

1. 汎用品
2. パイン&ギルモアは、「消費者は単に商品やサービスを消費するのではなく、その消費から得られる体験そのものに価値を見出す」としマーケティングの手法として経験を重視する一方、シュミットは「顧客が求めているのは、特性や便益以上に、楽しさや快適さなど顧客の心に触れ、刺激してくれる製品やサービスであり、便益訴求を中心とした伝統的なマーケティングアプローチとは異なる新しいマーケティングコミュニケーションが必要である」として経済システムの進化という観点から経験経済という概念を創出した。(吉田春夫)
3. (財)食の安全・安心財団 付属機関外食産業総合調査研究センター
4. 日本フードサービス協会の調べ (2013) http://www.jfnet.or.jp/data/y/data_c_y2012_reki.html 2014/1/20
5. 外食産業マーケティング便覧、㈱富士経済 (2010)
6. 1960年代の包括的意思決定モデルにおいては、選択の過程において、製品の属性のみに焦点があてられていた。1970年代は、認知的アプローチが中心で感情などの背景は軽視されていた。1980年代には、広告効果研究が主体となり、感情や快楽的消費が取り上げられるようになった。1990年以降は、購買意思決定過程における感情の役割を幅広くとらえるようになった。経済学も2000年に入り新しい流れとして、行動経済学においては、先入観や感情などの心理的な要素や、衝撃的な自己の行動を後から正当化(合理化)したり、目の前の利益を優先するのではないという消費者心理の持つ非合理性を明示的に考慮して、人間の立場から個人の行動や社会現象観察を分析している。
7. 情報の非対称性が存在する市場は、中古車市場におけるレモン(欠陥車)による逆選択が生じる。
8. コトラー&ケラー (2008) p112〜115
   他に製品認知から購買までに焦点をあてたAIDMAや、近年のネット時代に対応したAISASやAISCEASなども有名である。
9. p112
10. p115
11. 心理学者レオン・フェスティンガー
12. 上原聡 (2008) p83
13. デービッド・A・アーカーはブランドエクイティを「ブランド名やシンボル

と結び付いたブランド資産／負債の集合であり、製品のサービスの価値を増減させるもの」としている。

14. 井上崇通（2012）p57
15. p112
16. A.Hマズロー（1987）「人間性の心理学」
17. 伊藤隆一他（2003）
18. デービッド・A・アーカー（1997）p121〜128
19. p4
20. 友野則男（2006）p15〜17
21. p54
22. 本来は人間的な感情と区別されている。
23. p43
24. M・チクセントミハイ（2011）p41〜44
25. ザルトマン・メタファー表出法。物事を別の物事で表す（メタファー）方法による分析手法。
26. 近勝彦（2010）p102
27. このアンケートは兵庫県芦屋市のインド料理店において、行ったアンケートである。　［実施期間］平成25年7月〜平成25年12月　［人数］50人

28. ■ 顧客の属性1

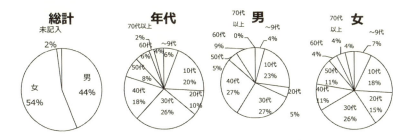

来店者の年代別の属性についてみると、男女比は、男：女＝22：27でやや女性が多く、年代は、30代が最も多く、40代、そして10代と続く。男女別にみると、男性は、30代、40代6人、10代5人で、女性は、30代7名、10代5名、20代4名、40代、50代3人で30代と10代が多い。総じて女性は、30代、男性は30代、40代が最も多く、10代は男女とも5人ずつと親子での利用が多いことの影響が窺える。40代、50代の女性3人で、男女とも50代以上の世代

の利用は少ない。

これらにより、来店者は、男女限らず30代、40代が中心で男女の10代、女性は20代が見られる。

■ 顧客の属性2

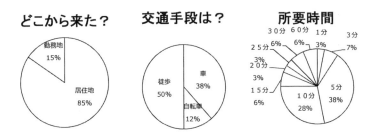

どこから来たのかは、居住地が85％で、勤務地は15％で住宅地内にあることもあり、居住地からの来店者が多い。また、所要時間は5分以下が一番多く38％、ついで10分以下の28％、3分以下の7％、15分以下の6％と続く。5分以下全体で48％と約半分を占め、10分以下全体で76％と4分の3、15分以下全体で82％を占める。さらに、交通手段については、徒歩が50％、車が38％、自転車は12％である。

29. 人間を個人と社会関係との流れの中でとらえた家族周期。
30. 人間の一生において節目となる出来事によって区分される生活環境の段階。
31. 平成25年12月に対面式のインタビューを行った。
32. 野菜や肉などの生産・流通履歴。
33. レストランとホテルを厳選し、格付けしつつ網羅したガイドブック。
34. 得られた情報の共通因子相互の関連性をメンタルマップとして描き、可視化したもの。

35.

種　別	店数	内　　容　　　　総数　１２３店舗
喫　茶	２６	スイーツ１３（洋10和3）　カフェ１２　　パン１
西洋料理	２４	伊１３　仏７　洋食５　スペイン１
日本料理	２３	日和１１　寿司６　豆腐１　鳥４　天婦羅１
東洋料理	５	中華５
エスニック料理	６	インドネシア１　インド２　ベトナム２　エスニック１
創作・多国籍	５	自然食２
居酒屋	１０	ダイニング３
バー	７	
その他	１７	焼き肉３　お好み６　焼き鳥１　そば１　ラーメン３　ハンバーガー１　仕出し２

参考文献

- A・H・マズロー著、小口忠彦訳、『人間性の心理学』（産業能率大学出版部、1987）
- 和田充夫他著、『マーケティング戦略』（有斐閣アルマ、1996）
- M・チクセントミハイ著、今村浩明訳、『フロー体験－喜びの現象学』（世界思想社、1996）
- デービット・A・アーカー著、陶山計介他訳『ブランド優位の戦略』（ダイヤモンド社、1997）
- A・H・マズロー著、上田吉一訳、『完全なる人間』（誠信書房、1998）
- バーンド・H・シュミット著、嶋村和恵他訳、『経験価値マーケティング』（ダイヤモンド社、2000）
- 伊藤隆一他著、『現代の心理学』（金子書房、2003）
- B・J・パインⅡ／J・ギルモア著、岡本慶一他訳『[新訳]経験経済』（ダイヤモンド社、2005）
- ジェラルド・ザルトマン著、藤川佳則他訳『心脳マーケティング』（ダイヤモンド社、2005）
- スティーブン・ブラウン著、ルディ和子訳『ポストモダンマーケティング』（ダイヤモンド社、2005）
- 和田充夫・日本マーケティング協会著、『マーケティング用語辞典』（日本経済新聞社、2005）
- 友野則男著、『行動経済学　経済は「感情」で動いている』（光文社新書、2006）
- フィリップ・コトラー、ケビン・レーン・ケラー著、月谷真紀訳『コトラー＆ケラーのマーケティングマネジメント基本編』（ピアソン桐原、2008）
- 上原聡著、『感情マーケティングの理論と戦略』（専修大学出版局、2009）
- B・J・パインⅡ／J・ギルモア著、林正訳『ほんもの』（東洋経済、2009）
- 近勝彦・福田秀敏著、『経験の社会経済』（晃洋書房、2010）
- M・チクセントミハイ著、大森弘訳『フロー体験入門　楽しみと創造の心理学』（世界思想社、2010）
- 井上崇通著、『消費者行動論』（同文館、2012）
- 近勝彦他著、『創造社会のデザイン』（ふくろう出版、2012）
- 近勝彦他著、『顧客分析論』（大阪公立大学共同出版会、2013）
- 吉田春生著、『観光マーケティングと経験経済・経験価値』（鹿児島国際大学福祉社会学部、2011）http://karn.lib.kagoshima-u.ac.jp/handle/123456789/12881　2014/01/27

具体例から見た外食マーケティングの実践
インド料理店「ガンガ芦屋」のリニューアルを通して

1 | 店舗概要

(1) 店舗概要

店舗名　ガンガ芦屋
所在地　兵庫県芦屋市呉川町2-3（店舗所在地）

(2) 店舗開設の経緯・沿革

平成18年　神戸市東灘区深江にてインド料理店「ガンガ」開業
平成23年5月　芦屋市呉川町に移転、「ガンガ芦屋」に名称変更

2 | 事業の概要と目的

(1) 事業概要

業種　単独・零細・飲食店
事業内容　インド料理とアルコールを含む飲料を提供する。

　芦屋市呉川町に位置する単独で運営（1店舗のみ）する小規模店舗（15席）において、インド人料理人よる本格派インド料理、インド産ビールやワインなどのアルコールを含む飲料を提供する。

(2) リニューアルの目的・主旨

　自宅外のもう一つの「アウトサイドダイニング」として、インド料

理を楽しんでいただきながら、気分転換や交流の場を提供し、顧客の声を積極的に取り入れる地域に根ざした飲食店として、周辺住民の健康と美容の維持に貢献する。

3 | 市場ビジネス環境の分析

(1) 市場ニーズの展望（業界の現状）とビジネス機会

■ 外食産業、復調の兆し

　国内の外食産業市場規模は、平成22年度23兆4887億円（対前年比0.7％減少）、平成23年度22兆9034億円（対前年比2.5％減少）と減少を続けたが、平成24年度においては、23兆2386億円（対前年比1.5％増加）と復調の兆しが見られる。飲食店においても、平成22年度12兆4946億円（対前年比0.9％減少）、平成23年度12兆2230億円（対前年比2.2％減少）と減少を続けたが、平成24年度においては、12兆4686億円（対前年比2.0％増加）と同様である。

■ 表1　外食産業の市場動向

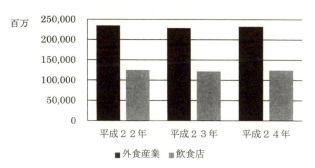

［(財)食の安全・安心財団 附属機関外食産業総合調査研究センター］

■進む消費の二極化、財布の紐も緩む

　不況感から脱却した雰囲気が確定していない状況では、財布の紐が緩まず、外食にかける費用が削られる可能性がある。平成25年春ごろから、デフレ脱却を目指すアベノミクスの影響が外食産業にも波及している。デフレ下で勝ち組だったハンバーガーや牛丼などの低価格チェーンの売上高が低迷する一方、ファミリーレストランや焼き肉、回転ずしなど"プチぜいたく"できる飲食店が伸びている。さらに、消費者は、普段の生活の中で、「ちょっと良い物」や「健康に良い物」にはお金を出すが、日々の日常品は節約志向が働き、価格優先の買い物傾向が強まる消費者の「消費の2極化」は顕著になっている。飲食業においても、より高品質の料理や接客サービスを求める消費者の要求に対応していく「本物志向」の店舗と、大規模なマーケティング戦略とコストダウンを思い切って進め「チェーン化」させていく店舗の両極端に分かれている。

　日本フードサービス協会の調べによると、ファミリーレストラン業態の売上高は3月まで前年同月比で5カ月連続でのプラスを記録している。4月は同0.3％減だったが、売り上げは底堅く推移している。このことを見ても、消費者の財布の紐も少しだけゆるくなり、その一部が外食に流れている。

■根強いファンの需要に支えられるインド料理

　インド料理の属するエスニック料理市場については、低単価なメニューでランチ需要などを掴む新興チェーンや個人店は増加しているが、東南アジア料理などの上位チェーンは苦境に立たされ不採算店を閉店させているため、微減が見込まれる。消費低迷の影響で、市場が縮小するなかで、店舗数が増加しているため、首都圏を中心に近隣店との競合が激化している。低い客単価を武器にしていた小型店も、消

費者の節約志向の影響で苦戦を強いられている。そのなかで、インド料理は、近年のヨガを活用した健康面が注目されるなどインド文化への関心も高まるなか、根強いファンの需要に支えられ減少幅が軽微に留まっている。(『外食産業マーケティング便覧』㈱富士経済　2010)

(2) 店舗立地の概況

店舗は、芦屋市呉川町に位置している。立地が全てである零細飲食店において、市場や顧客を見据える前に、その立地がいかなるものか、顧客はいるのか、を明らかにした。

①芦屋市の概況
■高級住宅地の芦屋市南部に、新しいイメージの住宅地

芦屋市は、兵庫県南東部に位置し、阪神（大阪・神戸）間の西側の神戸市に隣接する。六甲山を背景に、高級住宅地が並ぶ市内北部から、阪急「芦屋川」駅、JR「芦屋」駅の各電鉄主要駅を有する市内中央部、阪神「芦屋」駅から大阪湾にかけての市内南部と南へ向かって緩やかに傾斜している。人口は国勢調査によると1995（平成7）年から2010（平成22）年まで増加を続け、93,238人（平成22年現在）となっている。大正期に開発された山の手地区（阪急「芦屋川」駅徒歩圏内の東山町、山手町、三条町）では風光明媚な街並みが、昭和初期には市東北部で開発された六麓荘町では豪邸が次々と建築され、高級住宅地としての芦屋の名を一気に全国区に押し上げた。戦後、阪急線以南の開発も進められ、昭和50年代には芦屋浜の埋め立て地に高層マンションが次々に建設され、若い世代の流入が促進された。平成7年の阪神大震災を経て、平成15年に入ると、埋立地「潮芦屋」地区の開発が進み、ヨットハーバーや人工砂浜のほか、日本初の係留施設付き住宅が分譲

され、芦屋に新しいイメージを植えつけた。

②呉川町の概況
■呉川町　庶民的な住宅地と新しい芦屋の混合地帯

　呉川町は、浜芦屋町や竹園町とともに、阪神高速3号神戸線を地上に有する国道43号線の南側に位置し、南には潮見町、さらに南の埋立地に新しい芦屋のイメージを構築した「潮芦屋」地区を有している。市中央部がJR「芦屋」駅を中心に再開発が進み、商業施設が集積しているのに比べると、市南部はショッピングモールが点在しており、商業施設も少ない。以上により、店舗の所在する呉川町は、高級な住宅地である北部（阪急沿線）、商業の集積する中央部（JR沿線）を有する都市という芦屋ブランドを有する自治体に所属しているものの、所属する市南部（阪神沿線）においては、商業施設などが少なく、庶民的な住宅地と新しい芦屋のイメージのある新しい居住区の中に位置する。よって、周辺に飲食店も少ない状況のなか、人口が増えている住宅地は店舗を中心に東西南北に広がっており、その住民が顧客となりうる地域の中に位置すると言える。

■ 図1 芦屋市地図

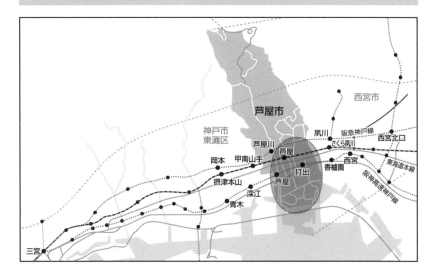

（3）対象とする市場の地域的細分化（セグメンテーション）

■ 鉄道、飲食店の集積度合、阪神「芦屋」駅中心、人の流れから見た市場の細分化

　飲食店における市場細分化の軸は、時間軸、消費単価、地域や生活圏、世代・性別、世帯形態や社会階層、利用の動機、料理の付加価値性などが挙げられる。

　時間軸は、時間帯（ランチ・ディナー）、曜日（平日・週末）、季節が、生活圏については、勤務・居住、徒歩・車利用・電車利用、顧客自身の軸として世代・性別、世帯形態、社会階層（上流・中流・下流）などとなる。また、消費者の行動として、付加価値性は、味・雰囲気・サービスや、利用頻度（初めて・ライトユーザー・ヘヴィユーザー、動機として、グルメ（辛さ・スパイス）、家族、知人、グループの会合（趣味・ママ友）などが挙げられる。

特に飲食店は、立地が全てといわれ、立地によって顧客が限定される意味合いが大きい。その顧客を明確化するために、まず地域という軸を採用する。そして、地域に内在する店舗にたどり着くまでの利便性を考慮しなければならない。その他の項目については、店舗利用者対象に行ったアンケートから利用者像をあぶり出し、ターゲティングへと結びつける。

①鉄道を中心とした地域の細分化
■乗降客、飲食店の集積が見られる、阪神「芦屋」駅以南の地域
　呉川町に位置する店舗は、東西に走る国道43号線に面し、南北の2車線と交わる芦屋高校交差点に程近い。最寄りの駅としては、阪神「芦屋」駅、「打出」駅からも徒歩約7分で両駅の真ん中に位置する。各駅の乗降客数を調査した。阪神「芦屋」駅は、2009（平成21）年より、魚崎駅や三宮駅と同様快速急行が停車するようになった。店舗周辺の駅乗降客数について調査した。

```
◎乗降者数（1日）　阪神電車（2010）
最寄駅：「芦屋」駅／26,781人、「打出」駅／13,554人
隣接駅：「深江」（西）駅／15,243人、「香枦園」（東）駅／9,737人
主要駅：「西宮」（東）駅／40,068人、「尼崎」駅／41,226人
　　　　「甲子園」駅／52,575人、「青木」（西）駅／14,029人
　　　　「魚崎」（西）駅／24,159人
参　考：「三宮」駅／96,802人、「梅田」駅／164,387人
```

　最寄駅の「芦屋」駅、「打出」駅2駅で約4万人と、商業施設が集積する主要駅である「西宮」駅、「尼崎」駅とほぼ同じになりかなりの乗降者数を抱える地域である。隣接駅を加えると6万5千人、さらに西に

広げて「青木」駅、「魚崎」駅をあわせて10万人で「三宮」駅に、東の「西宮」駅を加えると14万5千人となり、「梅田」駅の16万5千人に近づく。さらに、周辺地区において、飲食店の集積度合を実地調査することにより比較してみた。東西の軸で見た場合、阪急は、駅の間隔が広く、「芦屋川」駅を中心に、西の「岡本」駅は阪神の「青木」駅、東の「夙川」駅は「香櫨園」駅と同じである。また、JRは、「芦屋」駅を中心に西の「甲南山手」駅が「深江」駅、「摂津本山」駅が「青木」駅。東は「さくら夙川」駅が「香櫨園」駅に相当する。飲食店としては、異なる鉄道の近接する2駅間に集積するという傾向があり、阪急「岡本」駅～JR「摂津本山」駅、JR「六甲道」駅～阪神「新在家」駅、JR「芦屋」駅～阪神「芦屋」駅がかなり集積していた。そして、阪神「御影」駅やJR「甲南山手」駅～阪神「深江」駅はそこそこの集積で、JR「さくら夙川」駅、阪急「夙川」駅、阪神「香櫨園」駅においては、飲食店が散在していた。このことから、当該事業の店舗は、比較的飲食店の集積が見られる、顧客の存在する地区の南端に存在することが確認された。

■ 図2　阪神間の鉄道・飲食店の集積地域

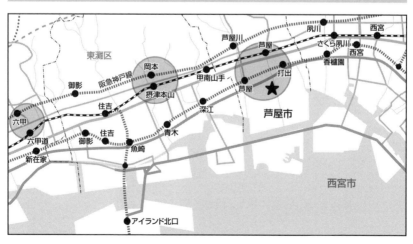

②阪神「芦屋」駅周辺を中心とした細分化
■阪神「芦屋」駅周辺、123店舗の飲食店集積地

　当該事業の店舗の属する阪神「芦屋」駅周辺の飲食店の集積を調査した。外食というカテゴリーのなかで、飲食店とスイーツを含む喫茶も含めて123店舗あった。

　種別店舗数の割合からみると、週に5日外食したと仮定した場合、スイーツを含む喫茶、フランス、イタリアなどの西洋料理、寿司、天婦羅を含む和食には必ず1日ずつ行っており、中華を含む東洋料理、インド料理を含むエスニック料理、創作・多国籍料理、居酒屋のどれかに1日、バーや、焼肉、お好み焼き、焼き鳥、麺類等に1日当てていることになる。店舗別に見ると、スイーツ、イタリアが最も多く13店舗、カフェが12店舗、日本（和）食が11店舗、フレンチが7店舗、お好み焼きが6店舗以外は、多様な種類の店舗が集まっている。

■表2　阪神「芦屋」駅周辺の店舗

種別	店数	内容　　　　　　　　総数　123店舗
喫茶	26	スイーツ13（洋10 和3）　カフェ12　パン1
西洋料理	24	伊13　仏7　洋食5　スペイン1
日本料理	23	日和11　寿司6　豆腐1　鳥4　天婦羅1
東洋料理	5	中華5
エスニック料理	6	インドネシア1　インド2　ベトナム2　エスニック1
創作・多国籍	5	自然食2
居酒屋	10	ダイニング3
バー	7	
その他	17	焼き肉3　お好み6　焼き鳥1　そば1　ラーメン3　ハンバーガー1　仕出し2

※NTT電話帳、食べログ、ヤフーロコより抜粋

③人（歩行者）の流れから見た地域の細分化
■南北の人通りが多く、周辺施設が点在する

　南端とはいえ、飲食店舗の集積が見られる地域に立地ながら、集客について伸び悩んでいる現状から、店舗周辺の人の流れや周辺施設を観察した。店舗は、上層に阪神高速3号神戸線を有する国道43号線（東西）の南側に接し、南北の連絡道路との「芦屋高校」交差点にほど近い。人通りの面から見ると、南北は、広い国道43号線によって分断されているが、南北の横断歩道の利用者は、途切れることがない。それに対し、東西の国道43号線沿いの歩道の利用者は少ない。また、周辺施設は、公的な施設やクリニック、士業関係の事務所など点在している。

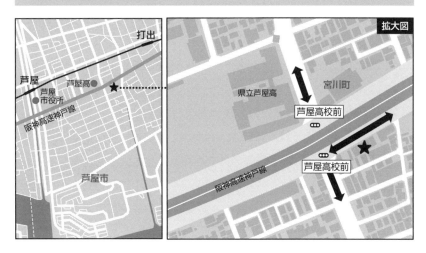

図3　店舗周辺の人通り

◎周辺施設

精道町：阪神「芦屋」駅〜店舗　尼崎信用金庫　近鉄不動産
　　　　芦屋市役所　芦屋市消防署　精道小学校

　　　　　　　市民活動センター　保育所　芦屋高校
呉 川 町：店舗周辺　司法書士　歯科２　保健福祉センター
　　　　　　産婦人科　あしや温泉　コープこうべ
伊 勢 町：呉川町南　図書館　美術博物館　内科　幼稚園
　　　　　　医院１　歯科
竹 園 町：呉川町西　歯科　小児科　税理士　集会所
宮 川 町：呉川町東　NTT　ローソン　外科　胃腸科
　　　　　　建築士　赫光寺　保育所
浜芦屋町：竹園町西　ガソリンスタンド　ホール（葬祭）
松 浜 町：浜芦屋町南　社会保険労務士　南に緑町　潮見町

④在住者へのヒアリングから見た地域の細分化

　JR「芦屋」駅周辺（国道２号線近く）の在住者によると、以下の傾向があることがわかった（ヒアリング平成25年7月30日実施）。

■**主な顧客は、阪神本線以南の徒歩圏の在住者**
- 自分の居住区から北へ行くことが多く、南へ行くことはほとんどない。
- ただし、（近隣施設である）芦屋温泉には月に１回は行く。図書館や美術館などの公的施設、グルメシティやピーコックなどのスーパーには行かない。
- 徒歩圏のいかりスーパー、セブンイレブン、芦屋大丸はほぼ毎日利用する。
- （JRからは）阪神「芦屋」駅までは距離を感じる。
- 外食率は高い。週に３～４日。
- 飲食店特に夜の時間帯については、アルコールのこともあり徒歩

で行く。
- 飲食店のエリアはかなり限定されており、新規の飲食店は、パソコンやフリーペーパーで調べる。
- エスニック料理については、JR「芦屋」駅前の1件と国道2号線沿いのインドネシア料理には数ヶ月に1回の頻度で行く。

在住者へのヒアリングからも、特にアルコールを含む外食には徒歩で行く。また、公的施設や大型スーパーが南方面にあっても、居住区から南へ行くことはあまりないことから、当該事業の顧客は、店舗周辺を含む地域から以南の地域で、徒歩圏の居住層で、他の施設に寄るついでではなく、その店舗に行く目的のためだけに外食をすることがわかった。

⑤来店者アンケートから見た地域の細分化

そして、来店者アンケートの中から、次の属性が見られた。

■来店者は、阪神「芦屋」「打出」「香枦園」駅を利用、徒歩10分圏内

◎アンケート結果（平成25年1月〜5月）

居　　住：芦屋市内50％、神戸市14％、西宮市11％
電　　車：阪神68％、阪急28％、「芦屋」駅33％、
　　　　　「打出」駅13％、「香枦園」駅13％
所要時間：10分以内65％
移動手段：徒歩（自転車含む）59％、自動車41％
利用頻度：初めての利用33％、常連客67％（2、3回／年）、
　　　　　芦屋市内の初めての客33％、常連客56％

来店者のアンケートからも、芦屋市内の阪神電車利用者で、特に「芦屋」駅、「打出」駅、「香櫨園」駅の利用者が多いことがわかった。また、所要時間が10分圏内の顧客が多く、徒歩だけでなく車を利用しての来店が目立った。

《まとめ》
　鉄道、阪神「芦屋」駅、人通り、在住者へのヒアリング、来店者アンケートなどに着目した細分化の結果、店舗周辺の地区に3層のセグメントが存在した。

■ 図4　店舗を中心とした3層のセグメント

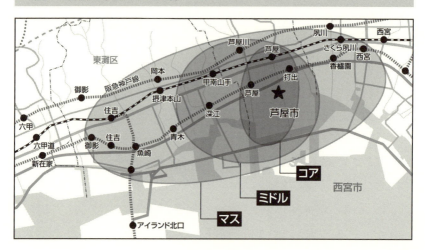

（4）ターゲティング（顧客の特性明確化）

ターゲット顧客：家族や知人人たちと積極的にコミュニケーションをとる、35歳から49歳の女性。

コンセプト：1万人の食卓「アウトサイドダイニング」。

セグメンテーションの結果、当該事業の顧客の対象となる市場（地域）を店舗周辺地域であるコア、店舗へ電車で一駅の地域であるミドル、隣接する主要駅区間地域であるマスの3層からなる顧客層を設定した。

さらに、アンケート結果から、性別、世代、家族数、行動段階、認知度の特性からみた3層各々の顧客層の絞り込みを行った。

■ 表3　各セグメント別の利用者像

セグメント	交通手段	年代	利用形態
コア	徒歩	30代40代女性	家族（親子・夫婦）、知人と利用
ミドル	徒歩・電車	30代	家族（親子・夫婦）
マス	電車・車	30代40代	親子　ランチ

［筆者作成］

■コア・セグメントの人口・年代特性　1万人・35歳から49歳

コア地域の人口／10,318人
精道町／901人　　呉川町／2,876人　　伊勢町／2,003人
竹園町／883人　　宮川町／628人　　　浜芦屋町／1,026人
松浜町／2,001人

　店舗が所在する呉川町が一番多く、その南の伊勢町、西の松浜町が続く。特に呉川町において年代別人口を調査したところ、40歳〜44歳が261人で一番多く、35歳〜39歳が、250人、45歳〜49歳が229人と続いている。

> 《まとめ》
> 　主な顧客層は、家族や知人、コミュニティの人たちと積極的にコミュニケーションをとる35歳から49歳の女性をターゲットとし、店舗のコンセプトをこの地域に住まう1万人の食卓（アウトサイドダイニング）とする。

(5) 当該事業の3C（顧客・競合・自社）分析

① Customer（顧客）

■ コア顧客（1万人）を中心とした、3層からなる顧客群

　Customerとは、顧客・クライアントを指し、自社が展開する零細飲食店という事業において、顧客のニーズとウォンツ、顧客にとっての価値からどのような顧客が存在するのかを明確にする。立地が全ての零細飲食店におけるセグメンテーション（市場の細分化）の中で、顧客は地域的に3層からなることがわかった。最重要な顧客としては、店舗から徒歩（10分）圏内の「コア」層である。地域的には、電車（阪神）と二つ川で徒歩が分断されている阪神「芦屋」駅〜「打出」駅間、阪神本線以南の地域を指す。顧客のニーズは、店舗が住宅地内に所在するので、自宅から出ることにより気分を変えた外食や趣味や友人たちで集まる場所としての店舗であり、顧客が求めているのは製品やサービスそのものではなく自分のニーズを満たすことと、手軽な価格でおいしく食べられる、そして自宅外でのコミュニケーションの場「アウトサイドダイニング」というニーズを満たすことである。「アウトサイドダイニング」とはいつも（自宅・勤務地）と違う場所で、誰か（親子、友人、同僚、グループ）と食事をするためにいく場所、集

まるために行く場所を指す。そこで、美と健康を維持するためにもスパイスの効いたカレーを中心としたインド料理を食べたいという欲求が重なる。コア層の顧客は、利用頻度が高く、売上のベースを支えるものと考えられる。飲食店における顧客価値は、おいしい料理を落ち着いた雰囲気の中で食べることができ、家族や知人たちとのコミュニケーションのなかでゆったりした時間を楽しむことができるところにある。そして、コア層を東西に拡大し、南の潮芦屋地区を含めたのが「ミドル」層であり、阪神「芦屋」駅から1駅の阪神「深江」駅と「香枦園」駅の区間で阪神本線以南を表す。さらに、東西の隣接主要駅阪神「魚崎」駅から「西宮」駅の区間で阪神本線以南に拡大した区域が「マス」層である。

● 顧客の循環する消費（店舗選択）の行動
■ 循環する消費行動（店舗選択）

　顧客は製品を選ぶ際に、ある判断基準を持っていて、その判断基準を満たした製品のなかから、自分のニーズを満たすのに一番ふさわしいと思われるものを購入する。飲食店に関しては、ある判断基準をもって、その日、その時の判断基準を満たした店舗が選ばれる。判断基準には料理の内容そのもののほかに、その店舗の利用する目的から、価格、店舗の大きさなどが含まれる。飲食店においては、周辺の競争状況や競争相手について把握する必要があり、特に、競争相手からいかにシェアを奪うか（守るか）という視点を持ちながら、競合数、参入障壁、競合の戦略、経営資源や構造上のSWOT分析（営業人員数、生産能力など）、競合のパフォーマンス（売上高、市場シェア、利益、顧客数など）に着目し、分析が必要である。競合と比較することにより、自社の相対的な強みや弱みの抽出が可能となる。顧客は出店した地域に限定されるので、競合飲食店（他社）ともある程度重なった顧客を

対象とする。しかし、このことは決して店舗運営に存続の要素をもたらせるとは限らない。まず、顧客は、飲食店を選択する際には、1店舗に集中するのではなく、何らかの思考にともない複数の店舗を循環する傾向がある。いくら、フレンチが好みでも、毎回外食事時に同じ店舗を選択する顧客は少ない。よって、顧客の選択肢を増やすことにより、地域としての飲食店の多様性を生み出しているともいえる。さらに、競合飲食店と常に競争関係にあるのではなく、地域の外食の利便性を高めることにより、顧客の外部への流出を防ぐ共存（Co-Existence）関係を築いているともいえる。102ページの「表2. 阪神『芦屋』駅周辺の店舗」において触れたように、種別店舗数の割合からみると、週に5日外食したと仮定した場合、和食、フランス・イタリアなどの西洋料理、スイーツには必ず1日ずつ行っており、中華を含む東洋料理、インド料理を含むエスニック料理、創作・多国籍料理、居酒屋のどれかに1日、バーや、焼肉、お好み焼き、焼き鳥、麺類等に1日当てていることになる。

■ 図5　循環する店舗選択

［筆者作成］

②Competitor（競合他社）

阪神「芦屋」駅周辺には、123の飲食店舗

近隣には、10店舗、隣接する4店舗

Competitor（競合他社）であり、共存群（Co-Existence）である。

地域的なセグメントのなかで、阪急「岡本」駅〜JR「摂津本山」駅、JR「六甲道」駅〜阪神「新在家」駅、JR「芦屋」駅〜阪神「芦屋」駅という3つ地域に飲食店が集積していることがわかった。ただ、距離的にもその3つの地域は競合しない。さらに、阪神「芦屋」駅周辺には、123の飲食店舗が営業しているが、道路、電車、川などの地理的な条件において、人の流れが限定されており、徒歩圏の住民を取り合うほどの状況ではない。

さらに、呉川町に近隣に位置する店舗は10店舗あり、店舗に隣接する飲食店は4店舗あるが、競合する店舗とすれば、同じ街区にあり、昼、夜ともにぎわうイタリア料理店である。

■ 図6　店舗に隣接する飲食店

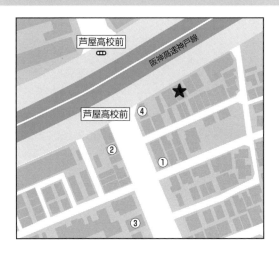

● 隣接町に位置する飲食店

呉 川 町：カフェ、パン　　　　　伊勢町：なし

インド料理店「ガンガ芦屋」のリニューアルを通して

竹園町：寿司、和菓子④　　　　宮川町：お好み焼き②

浜芦屋町：イタリアン①、サンドイッチ　松浜町：なし

精道町：カフェ、フレンチ、焼肉③

●阪神間に位置するインド料理店

　阪神間に位置するインド料理店（11店舗）について見てみた。各々主な飲食店の集積する地域にあり、外食におけるインド料理店の需要は伺うことができた。最も近いところに位置するインド料理店については、JR「芦屋」駅前でもあり、地域のセグメンテーションからも、顧客が重なることはないが、同地域に位置する同種店舗として競合店である。

■ 図7　阪神間に位置するインド料理店

①JR芦屋…1　　　　　　　②阪急六甲〜JR六甲道…1

③JR六甲道〜阪神新在家…2　④阪神御影…1

⑤阪急岡本〜JR摂津本山…1　⑥JR摂津本山〜阪神青木…1

⑦JR西宮…2　⑧阪神西宮…3

③Company（自社）

　顧客を満足させることができる調理技術、原価管理能力と、運営管理（商品企画、財務管理、宣伝広告）の経験の融合。

　15席という小さな店舗単独で、本格派インド料理を、日本人の好みにあった形で提供できる調理技術をもち、原価管理ができる料理人と、経営管理と企画からプロモーションの側面を支えるサポーターの存在が求められる。零細飲食店は、シェフがオーナーである場合、自分自身の中で完結できることが強みでもあり弱みでもある。弱みを補強するためにも、当該事業においては、飲食店舗（フレンチ・和食・カジュアル）の商品企画、宣伝広告を担当し、運営管理をしていたサポーターの経験を活かして、売り上げ確保のためのメニュー商品開発、原価管理などの側面から運営のチェックを中心に行っていくことにより、目標達成にむけて、事業を持続可能な成長へ導いていく。商品に関しては、来店者へのアンケートの結果からもおいしいと評価されており、特にスパイスの効いたカレー、もっちりしたナン、ボリュームたっぷりの野菜に定評がある。ただ、メニュー構成、価格、提供方法に関しては、今後もアンケートなど顧客の意見を取り入れ、順次顧客層にあわせた形に改訂を行う。移転する前の深江の顧客、開業して2年の間に得た顧客を大切にしながらも、周辺住民を店舗に招き入れることにより、地域に根ざした飲食店を意識していく。

④ 3C分析の結果とステークホルダー

■ 図8　5FORCES

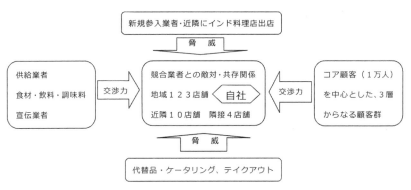

［筆者作成］

> 《まとめ》
> 　3層からなる1万人の顧客をバックに、周辺の123店舗、近隣の10店舗、隣接する4店舗がせめぎあうが、仕入れ業者や宣伝業者は「芦屋」地域の飲食店群の繁栄とともにあり、せめぎあう店舗も含めて共存（Co-Exitance）の関係にある。

(6) 他社の動向、自社と他社の商品比較

　当該事業の他社として、同じ街区に位置し、ランチ、ディナーを提供するイタリア料理店と近隣にあるインド料理店と比較する。

①隣接競合　イタリア料理店

　隣接店であるが<u>昼夜、平日休日を問わず、賑う</u>消費単価は、高めの設定（ランチ1,500円、ディナー4,000円）<u>一品料理とワインをたしなむ顧客層</u>。

　同じ街区にあるが、国道43号線を南北に走る道路に面し、当該店舗から徒歩約2分のところにある。昼夜、平日休日を問わず、賑わっている。イタリアンといってもパスタ料理より、魚や肉といったコース料理が主体となるが、旬の食材を使った一品料理もある。イタリアワインを豊富に揃えており（ワインセラー有り）、落ち着いた内装で23時以降も食事ができる。消費単価は、ランチが1,500円、ディナーは4,000円で、顧客層は、ランチ、ディナーとも時間に余裕のある女性を含むグループが多く、ディナーはワインを含むアルコール対応（カクテルなど）が充実している。対して当該店舗は、ランチ中心でディナーは少ない。メニューもランチがインドカレーとナンが中心で夜は、ランチメニューにタンドリーチキンやシシカバブを付加したもので、代わり映えがしない。アルコールメニューは、ビールが中心で、積極的には対応していない。隣接する競合店舗は、少なからずとも同一顧客を対象とする。消費単価もランチ1,500円程度、ディナー4,000円程度で特にディナーにおいてはワインをたしなむ顧客層がいることがわかった。

■ 表4　店舗比較（隣接競合）

	イタリアン	ガンガ芦屋
所在地	国道４３号線芦屋高校交差点の南東街区	
座席数	３０席　カウンター８人　テーブル１２人　個室１０人	２０席　カウンター６人　４人テーブル３　２人テーブル１
スタッフ	料理人１名　サービス１名	料理人１名
営業	12：00～14：00　17：00～23：00 火・水曜日定休	11：30～15：00　17：00～22：00 火曜日定休
ランチ	消費単価　１５００円 １３００円 １９００円 ２６００円	消費単価　８００円 ７００円 ９８０円
ディナー	消費単価　４０００円 ３８００円 ５５００円 飲み放題１８００円２５００円	消費単価　２５００円 ２０００円 ２５００円
優位点	・元有名なフレンチレストランのシェフ ・アルコールの品揃えが豊富 ・内装が落ち着いている ・一品料理が多数ある	・インドで修行後、日本のインド料理店のシェフ
駐車場	2台	1台

［筆者作成］

②同種競合　インド料理店

　カップルやファミリー対象のセットメニューが多く、盛り合わせ風に提供。16種類のカレーを日々変更、辛さも3段階用意。インドビール、インドワイン（ボトル1,200円から）などアルコールも用意。

　立地は、JR「芦屋」駅構内から連絡する百貨店のレストランフロアと申し分のないところである。その立地の良さから集客の見込める土曜日は、ランチバイキングを開催しており、好評を得ている。店内も広く、ゆったりとした感じで、随所にインドを感じさせる置物や飾り物があった。スタッフは全員インド人で、ガラス張りのオープンキッチンでは、タンドリーでナンやチキンを焼いている姿が伺える。家族連れやグループでの利用が多いのか、カップルやファミリー対象のセットメニューが多く、盛り合わせ風に提供している。消費単価は、ラン

チ1,200円、ディナー3,000円程度で、インドビール、インドワイン（ボトル1,200円から）などアルコールも用意されている。

　対して当該店舗は、規模が小さいうえ、消費単価も低い。ランチも16種類のカレーを日々変更させているのに、当該店舗は固定のままである。セットメニューにおいても、ランチと同様のワンプレート形式で出しており、家族やグループに対応できていない。

　同種の競合店でも、何回きても飽きさせないメニュー、家族やグループへ対応した料理の出し方、アルコールへの対応がなされていることがわかった。

■表5　店舗比較（隣接競合）

	インド料理店	ガンガ芦屋
所在地	JR芦屋　大丸5F	阪神芦屋　徒歩10分
座席数	36席　テーブルのみ	20席　カウンター6人 4人テーブル3　2人テーブル1
スタッフ	料理人2名　サービス1名	料理人1名
営業	11:00〜15:00　17:00〜21:00　土日祝は11:00〜21:00　無休	11:30〜15:00　17:00〜22:00 火曜日定休
ランチ	消費単価　1200円 940円 1260円 1460円	消費単価　800円 700円 980円
ディナー	消費単価　3000円 1570円 1890円 2300円 セットメニュー：カップル4800円〜 食べ・飲み放題3,500円	消費単価　2500円 2000円 2500円
	カレー24種　ナン3種 辛さ3種類	カレー20種類　ナン3種
優位点	土曜日ランチバイキング　1670円 スープメニューが豊富 ワイン　グラス310円　ボトル　1200円〜2800円	価格が手ごろ 日本人の好みに合うカレー・ナン
駐車場	大丸	1台

［筆者作成］

4 | 事業の内容、特徴、競争上の強み（差別化）

(1) 事業の内容、または、製品・サービスの内容

　固定化された店舗において、肉や野菜などの食材、飲料、スパイスなどの調味料を仕入れ、インドの調理法で料理し、提供する。

　ランチは、スパイスの効いたカレー、ナン、タンドリー（炭焼き）チキンの組み合わせからなるセット、ディナーは、ランチメニューに、シシカバブ、パコウラ（天ぷら）サモサ（揚げ餃子）など、安定したインド料理のおいしさを提供する。自宅以外のもう一つの「アウトサイドダイニング」として、インド料理を楽しんでいただきながら、気分転換や交流の場を提供する。

ランチ：700円　カレー1種類　ナンorライス／980円　カレー2種類　ナン＆ライス　タンドリーチキン／500円　お子様　チキンカレー　ミニナン＆ライス　ジュースorデザート

ディナー：2,000円　カレー2種類　ナン＆ライス　ベジタルパコウラ　サラダ／2,500円　カレー3種類　ナン2種類＆ライス　タンドリーチキン　シシカバブ　ベジタルパコウラ　サラダ　デザート

単品メニュー：カレー20種類／一品料理　タンドリー　4種／チキンティッカ　シシカバブ　サモサ（揚げ餃子）　パコウラ（天ぷら）

(2) 事業の特徴、または、製品・サービスの特徴

日本人の好みにあう料理を作り出す調理技術、サービス、原価管理ができるインド人料理人による本格派インド料理や飲料の提供を行う。

当該事業の特徴は次の6点である。

① 日本人にあう、野菜も豊富でクリーミーなカレー
② もっちりとしたナン
③ 香りの良いサフランライス
④ 一月のうち何度通っても同じにならない日替わりカレー
⑤ 辛さやボリュームなど、顧客に問いかける個人対応
⑥ 原価管理ができる料理人

料理人は、インドで有名なレストランで修業した後、日本のインド料理店で経験を積み、スパイスの使い方に工夫を凝らし、独自に日本人にあう、野菜も豊富でクリーミーなカレー、もっちりとしたナンをあみだした。事業としては、一定の集客数は見込めるものの、景気、気候や季節の影響を多大に受け、売り上げの日々の変動は大きい。料理人には常にそのあたりを見越したうえで、仕入、仕込みを行い、月単位での原価を一定にする原価管理の能力を要する。

(3) 事業上の差別化　当社の製品・サービスの競争優位性・強み

当該事業の差別化となる点は、次の4点である。
① スパイスを多用した辛い料理を楽しんでいただきながら、気分転換（非日常）を促し、スパイスや食材の野菜の健康や美への効用

を謳う。

② グループ用のセットメニューを用意し、ともに来た家族、知人、仲間などと料理を楽しんでいただく時間共有しながら交流を深める場をも提供する。

③ ディナー用にゆっくりと楽しめる熱々の一品料理とインドビール、インドワインなどのアルコールを提供することにより、自宅以外のもう一つのダイニング「アウトサイドダイニング」として、地域の住民の生活に密着したインド料理店である。

④ 経営管理、プロモーションを強化し、顧客の声に柔軟に対応する。

ランチにおいては、月に何度も足を運べる気安さ、辛さの個人対応により、「自分の店」という常連感覚を増していく。ディナーではインドビール、インドワインなどを、熱々の鉄板にのる一品料理とともに味わうことにより、自宅のダイニングと同じようにアルコールとインド料理を楽しめる飲食店である。また、調理は、その内容を告知し、集客するプロモーション、月次の収支においてバランススコアカードを使用し、目標の設定とプロセスの管理を行い、来店者のアンケートなど顧客の声を定期的に店舗運営に反映させる。

(4) SWOT分析

飲食店である自社のSWOT分析するにあたり前提となる要因を整理した。

外的要因：市場トレンド、経済状況、調理技術、一般顧客の期待、競合他社の行為

内的要因：資源（ヒトモノカネ・立地）、顧客サービス、効率性、

> 競争上の優位、品質、材料、経営管理、価格、規模、顧客との関係、市場における知名度・評判、ブランド

①現状分析

　まず、外食を中心とした飲食店業の外部環境について分析する。

　女性を中心に年齢を問わず健康、美容の志向が高まりをみせ、インド発祥の修行法「ヨガ」もフィットネスクラブで取り入れられるなど、インド文化との距離感が縮まるなか、スパイス嗜好のインド料理も、外食のバリエーションに定着しつつある。また、スマートフォンの普及により、インターネットの口コミサイトと連動したグルメ情報が広がりつつある。反面、「立地が全て」と言われる飲食店において、片道3車線の国道43号に面するが、防音壁の設置により道路より店舗が確認できないうえ、歩行者の流れも、6車線に渡る横断歩道や、東西にある川により寸断されている。さらには、開業後2年を経過するが、開業当初しか宣伝活動を行っておらず、周辺地域の認知度はかなり低い。次に、当該飲食店の内部環境について分析する。調理を担当するインド人は、インドのレストランで修行後、大阪道頓堀、神戸深江、芦屋と15年間のインドシェフとしての経験から、スパイスを知り尽くし、日本人好みのインド料理、そしてもっちりしたナンは好評を得ている。メニューのバリエーションも多く、季節野菜を多用している。料理人の人懐っこい性格もあり、深江の店舗からの顧客が、芦屋の店舗まで継続して足を運んでくれる常連客が存在する。

　また、弱みとしては、新規顧客が減少しており、主要な顧客は存在するもののリピートの頻度が低い。また、開業後、宣伝やメニュー開発もできておらず目新しさはない。自動車での来店が多いグループでの利用に対し、店舗も小規模なうえテーブル等の配置が対応していな

いうえ、駐車場（無料）も1台しかない。総じて、機会に対して強みが活かせていないのが現状である。

■表6　現状分析

	好　影　響	悪　影　響
	機会（Opportunities）	脅威(Threats)
外部環境	・ママ友、女子会での利用増 ・インド料理（スパイス嗜好）が定着 ・健康、美容（ヨガ）志向の高まり ・ランチの消費単価が1000円程度 ・周辺に住宅街、店舗付き事務所がある ・口コミのグルメ情報の広がり	・周辺に飲食店が点在、交通不便 ・道路（43号線）で人の流れが寸断 ・不況感による外食費の削減 ・ファミリーレストラン等低価格料理店、インド料理店の進出可能性 ・地域での認知度が低い
	強み（Strengths）	弱み（Weeknesses）
内部環境	・インドカレー、ナンの評判が良い ・料理人がインド人、スパイスにこだわり ・料理人の顧客（前店舗からの）の存在 ・メニューの種類、季節の野菜を使用 ・店内、厨房は清潔（他インド料理店比較） ・料理人が人懐っこい性格をしている。	・主要顧客のリピートの頻度が低い ・新規顧客が少ない ・宣伝、メニュー開発していない ・インド人料理人が1人である。 ・駐車場は1台・店舗が小規模 ・機会に対して強みを訴求できていない

［筆者作成］

②現状分析をうけた今後の対策

　これらの分析を踏まえ、強みをさらに伸ばし、弱みをカバーする対策を検討する。機会の更なる活用としては、美容と健康のためのインドのヨガに対する注目度と、スパイスの美容と健康への効用を結びつけるべく積極的に告知する。告知の方法としては、地域に根ざすフリーペーパー、スマートフォンと連動したインターネットの口コミサイトを重点的に行う。製品としては、女子会などのグループでの利用に対応できるようグループセットを、また、ランチメニューにおいて、現在700円、980円という価格帯で、980円の利用も36％程度見受けられ

るので、消費単価のアップを図るべく1ランク上の商品（1,280円）を設定する。脅威に対する対策としては、顧客の対象を阪神本線以南の地域に絞り、道路交差点周辺の歩行者を店舗に誘導する看板を設置する。ファミリーレストラン等の低価格多帯の飲食店や、新規のインド料理店の進出可能性も否定できないことから、早急に店舗経営の革新を図り、満足できる製品・サービスを提供し、繰り返しの利用を促すことにより、「地域で一番のインド料理」ブランドの確立しておく必要がある。そのためにも、地域への告知は忘れない。強みとしては、既に好評であるカレー、ナンについて、特徴をアピールしていくことにより弱みが解消される。インド人料理人はスパイスの扱いに秀でており、スパイスの効用の「見える化」を図る。また、野菜は、豆を中心に季節野菜を活用しているので、メニューを組み立てなおし、季節メニューの設定をするなどしてアピールしていく。さらに、ランチについては、好評を得た顧客に対し、利用頻度を上げるべく、新たに一月営業日分の日替わりのカレーメニューを設定し、月1回の利用頻度を2週間に1回に、毎日利用しても同じメニューが出ないようにする。新規顧客については、歩行客に対し、テイクアウト商品でまずひきつけ、次の利用につなげる。まずは、地域への認知度を上げるための告知のなかで、割引券を発行するなどにより、まず店舗に足を運ばせることが重要である。

■ 表7　今後の対策

	好影響を利用した対策	悪影響をカバーする対策
外部環境	機会（Opportunities） ・女性対象に、スパイスの美容、健康への効用をアピール ・3～4人のグループセットの設定　ナンなど籠盛り、一品料理を鉄板盛りで提供 ・ランチ1280円、ディナー3000円の1ランク上のランチを設定、アピール ・口コミサイトへの情報提供	脅威(Threats) ・顧客を阪神本線以南の地域に絞る ・歩行者の誘導のための看板の設置 ・「地域で一番のインド料理」ブランドの確立 ・地域に向け告知を行い、認知度を上げる
内部環境	強み（Strengths） ・カレー、ナンの特徴をメニューに反映 ・ライスをサフランライスにする ・料理人がインド人、スパイスの効用の表示、辛さは個人対応する ・季節の野菜の仕入れ先を再検討 ・季節の野菜を多用し、季節メニューを設定する ・日替わりのカレーメニューの設定	弱み（Weeknesses） ・メニューに変化をつける（日替わり、月替わり、季節、特別メニュー） ・新規顧客の獲得、販売促進 ・店構え、看板の改良（新規顧客） ・内装、メニューで店のアピール ・テイクアウト（新規顧客）、ケータリングの検討

［筆者作成］

（5）市場ポジショニング

①ポジショニング1

　102ページで調査した周辺地域に分布する飲食店おける価格帯と、自宅で料理が再現できやすい、いつでも食べられる日常性を持つのか、家庭では食べられないものや気分転換や集いの場を重視した非日常を軸に分析してみた。

■ 中程度の金額で、非日常性が味わえる

■ 図9　ポジショニング1

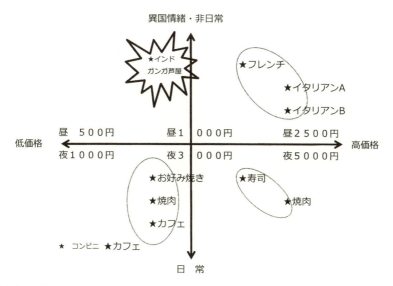

［筆者作成］

　フレンチとイタリアンは、非日常ながら高価格帯に属し、寿司、焼肉は少し高めの日常に属する。そしてお好み焼き、焼肉、カフェが中程度の価格帯ながら日常に属し、日常の低価格はローソンとなった。そして、中程度の金額で、非日常性が味わえるのかインド料理店の当該事業店である。

② ポジショニング2

　外食するにあたり、その時々の気分や一緒に行くメンバーによって、求める味、グレード、雰囲気が異なる。また、自宅で調理が可能な料理なのかどうかは、気分転換の度合いが異なり、調理できにくい料理

インド料理店「ガンガ芦屋」のリニューアルを通して　125

ほど気分転換の度合いが高まる。さらに、味の部分で味覚が繊細なものは、要求度が高いほどグレード、雰囲気が要求され、スパイスや香辛料などの味覚が刺激的なものは、本物志向が求められる。

■自分で調理しにくい非日常性とスパイス・香辛料の刺激性を併せ持つインド料理

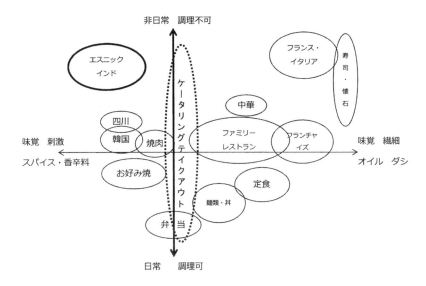

図10 ポジショニング2

［筆者作成］

辛い料理、薬味については、体に効くとされる。辛いスパイスを食べることにより消化器の粘膜を刺激することにより中枢神経に伝達され、交感神経の働きが増す。そして、消化器の血流が増し、胃腸の働きを助け、代謝が向上し脂肪の燃焼を助け、発汗作用が起こることにより爽快感が増す。このように、辛いもの、スパイスを人により異な

るものの求める嗜好があり、そのようなニーズをインド料理をはじめとするエスニック料理や中華の四川料理、韓国料理が受け止めていると考えられる。

5 | 事業の仕組みと収益性

(1) 事業の仕組み

一般的な零細飲食店は、仕入れ、仕込み、調理、サービスそして店舗経営管理も含めて、オーナーシェフと呼ばれる料理人が1人で担う。当該事業においては、手薄になりがちな、顧客の意見、市場調査等を取り入れた商品企画、プロモーション、経営管理を強化することにより、地域に根ざした飲食店として維持、成長していくことができる。

■ 図11　事業の仕組み

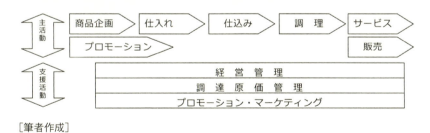

[筆者作成]

(2) 事業の収益性

売上は、消費単価と来客人数を掛け合わせたものである。ランチ、ディナーと時間帯別に消費単価を設定し、来客人数を想定する。費用に

ついては、立地上必ず存在する家賃、水道光熱費、人件費という固定費が発生する。月単位の契約が多いため、月次単位で必要な固定費が想定される。さらに、提供する商品の原価（食材・飲料）などは、売上部分の変動に影響される。そのためにも、商品の企画とともに、顧客と想定される層に対してプロモーション、経営管理の強化を行い、顧客の種まきをしておく必要がある。その宣伝広告費用も経費に含まれる。

そして、日々の売上を積み重ねて、変動費と固定費を超えた部分が営業利益となる。さらには、月次、年次ごとに製品、サービスなどを見直し、収益性を改善する取り組みが必要である。さらに、ビジネススコアカードを用いて、半期、年次の状況を見ながら改善を行う。

【損益分岐点】

・売上原価（変動費）　B％

・固定費　A万円

・損益分岐点（月次）売上　固定費／（1－変動費比率）

　C万円＝A万円／1－（B／100）

・1日売上D万円とした場合、C／D日が必要な営業日数

（3）ステークホルダーに期待されるメリット

①仕入れ業者（食材・飲料）

仕入先の売上が向上すると、取り扱いが増え、利益も増大する。

②宣伝広告業者

フリーペーパー＆口コミサイト取り扱い店舗が増えることにより、

情報量が増え、サイトへのアクセスも増える。

③隣接同業者

顧客の選択肢が増えるとともに、地域として飲食店の豊富なイメージが定着し、安定的な集客へつながる。

■ 図12　事業関連

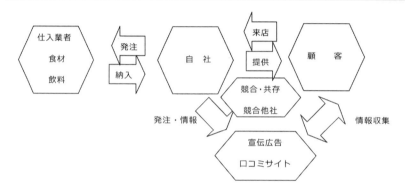

［筆者作成］

6 | 販売計画・マーケティングプラン

（1）販売目標

売上高は、前度実績から、消費単価を13.6％アップ、人数を12.5％アップを目指し、従前の1.5倍の100万円（前年度65万円）を達成目標とし、最終10％の営業利益を見込む。翌年（2年目）、翌翌年（3年目）は、売上を10％ずつアップさせる。

インド料理店「ガンガ芦屋」のリニューアルを通して

■ 表8　初年度月次数値

月平均		初年度	割合	
売　上　高		１００万円		昼　 900円×10人×25日 夜 2850円×10人×25日
売上原価		２５万円	25%*	（現在約23%）
売上総利益		７５万円	75%	
経費	人件費	４０万円	40%*	料理人１人３０万円
	家賃	１０万円	10%	パート１人　５万円
	水道光熱費	６万円	**	報酬　　　　５万円
	宣伝広告費	５万円	**	宣伝広告費：フリーペーパー掲載、印刷物、イベント
	その他	４万円	**	
	合　計	６５万円		
営業利益		１０万円	10%	

*FL費65%（目標60%）　　**あわせて15%
消費単価：ランチ900円　前年度　800円
　　　　　（700円50%　980円30%　1,280円20%）
　　　　　ディナー　2,850円　前年度　2,500円
　　　　　（2,000円60%　2,500円30%　3,000円10%）

［筆者作成］

(2) 販売方針

■顧客の視点に立って、満足いただけるよう努力する
●顧客の要望に応じた飲食の提供をできるよう努力する。
●顧客の声を、柔軟に飲食店の運営に反映させる。

(3) マーケティング戦略（4P・4C　マーケティングミックス）

地域での店舗の認知度を上げるとともに、インド料理を楽しんでい

ただくために、顧客のニーズにあったメニューの告知を、地域の住まう顧客に対して行う。

■4P　マーケティングミックス

　本格派インド料理を、さまざまなシチュエーションで気軽に楽しめるメニューや価格で提供していることを、テイクアウトなどにより新規顧客を、店舗の利用により常連顧客の獲得に向けて、地域に密着したフリーペーパーや折込チラシなどで、地域住民に対して告知していく。

①製品（Product）
本格派インド料理
●スパイスの効いたクリーミーなカレー
●もっちりとしたナン
●スパイシーなタンドリー（炭焼き）
●ボリュームたっぷりの野菜

②価格（Price）
提供する価格帯、提供方法に幅を持たせる
●ふんだんにインド料理を楽しめるランチの設定　　1,280円
●グループ利用にあわせたセットメニュー　　　　　3,000円
●アルコールドリンク・飲み放題料金の設定　　　　1,500円

③販売チャネル（Place）
新規顧客、常連顧客を呼び込む
●店舗での提供　常連顧客
●テイクアウト　新規顧客誘引、通行人への販促、家や事務所での

食事
　●今後の可能性　デリバリー　カレーソースの他店への販売
　●ケータリング　セットメニューの宅配

④販売促進（Promotion）
■地域での認知度を上げる
　●のぼり、電光看板、道路向け看板　フリーペーパー、チラシのポスティング
　●店内ポスター　アルコール飲料、ディナー用セットメニュー
　●インターネット上　ホームページ、口コミサイト

■図13　マーケティングミックス（4P）

［筆者作成］

■4C　顧客目線から見たマーケティングミックス

　顧客が選択しやすいように様々なメニューの選択肢を用意し、情報を提供する。そして、利用した結果、顧客が求める気分転換やコミュニケーションという目的の達成度合いと料理への満足度は、顧客が負担するコストを上回ることができるのか。さらに、来店の頻度を上げ常連顧客になっていただくよう、要望をくみ取るべく双方向のコミュニケーションをはかり、店舗運営に取り入れていく。

①Customer value（顧客価値）

　顧客は、おいしいものを食べながら、気分転換やコミュニケーションをとる場を求めている。110ページでも触れているように、飲食店を選択する際には、1店舗に集中するのではなく、ともに行くメンバーや目的により店舗を選択し、結果複数の店舗を循環する傾向がある。

②Customer cost（顧客コスト）

　顧客は、店舗で料理を食し、その場で過ごした時間や行くまでの徒歩の時間、車の駐車代などの対価を支払う。そのコストよりも満足感が上回れば、再度同じ店を選択する可能性が多くなる。

③Communication（顧客との対話）

　顧客は、店を選択する時、メニューや価格、店の雰囲気などの情報を収集する。そして確認したいことや予約が必要な場合は直接店に問い合わせる。一度利用し満足を得た顧客は、常連顧客のメリットを求め何度も足を運ぶ。常連顧客のメリットを生かす。特に来店時の顧客との直接のやりとりは大切で、カレーの辛さのレベルを問いかけは距離感がぐっと縮まる。アンケートなどで顧客の要望をくみ取り、メニューに反映させることにより、顧客との対話が続いて行く。

④Convenience（便利性）

　顧客にとって気軽に立ち寄れる飲食店は利用しやすい。顧客は行く仲間によって利用の仕方を変えるので、顧客は人数や年代など様々なケースに対応できるメニューを求める。また、顧客は思い立ったときに、場所を調べなくてもたどり着ける分かりやすさも求めている。

■ **図14　マーケティングミックス（4C）**

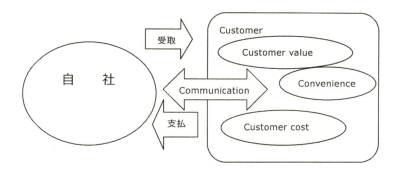

［筆者作成］

（4）販売促進・プロモーション戦略

　106ページの図14にあるように、コア（阪神「芦屋」～「打出」間、JR以南の徒歩（10分）圏内）を中心にミドル・マスの3層の各々のターゲット顧客層（107ページ、表3）に向けてメニュー、価格を訴求していく。

①訴求方法
■通行人、通行車対応
　のぼり（交差点からのキャッチ）、電光看板（夜間）、43号線道路向け看板。

■コア地域居住者対応
　チラシ（はがき）サイズのポスティング。イベント開催。
　ミドル・マス地域居住者対応
　フリーペーパー、チラシの新聞折込。

店内ポスター、ホームページ、口コミサイト（食べログ）。

※フリーペーパー　芦屋人:芦屋市内、ホームページも充実。／シティライフ:阪神地区（宝塚〜東灘）

②訴求時期

　初年度は、コアな顧客を獲得向け、通行人・通行車対応、周住居へのチラシ配布と芦屋市の認知をあげるためにフリーペーパー「芦屋人」に掲載する。次年度は、対象地域をミドルに広げ、チラシ配布の対象も広げるとともに、再度「芦屋人」に掲載する。3年目には、さらに対象地区をマスに広げ、阪神間の読者を持つフリーペーパー「シティライフ」に掲載する。

■図15　ターゲット別プロモーション

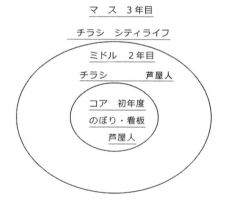

［筆者作成］

7｜事業展開の日程（マイルストーン）

　マイルストーンとは、事業計画において進捗管理のために設定する

節目、区切りであり、適宜工程を修正していく。当該事業においては、経営管理面においてバランススコアカードを活用し各指標をクリアしているかをチェックを行い、次のアクションプランにつなげていく。

　平成25年1月から来店者のアンケートや商品企画の内容の改善を検討してきた。これらの計画を実施する初年度8月と、開業記念日が含まれる次年度、3年目の5月の3箇所にマイルストーンを設定した。マイルストーンに向けてバランススコアカードを活用し目標に向けたプロセスを管理するとともに、アンケートなどの顧客の声を吸い上げメニュー価格設定など柔軟に改定していく。また、売り上げ増の目標を達成すべくコアからミドル、マスと顧客層を3層に広げてプロモーションを展開していく。

■ 表9-1　マイルストーン1

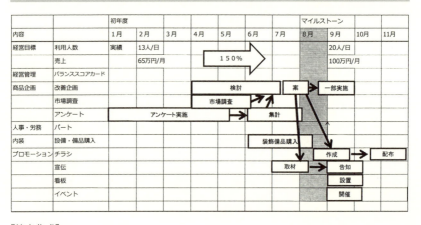

［筆者作成］

■ 表9-2 マイルストーン2

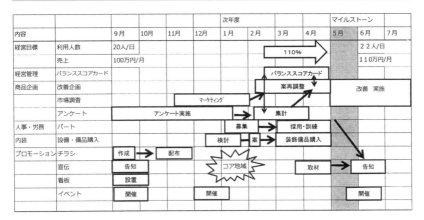

［筆者作成］

■ 表9-3 マイルストーン3

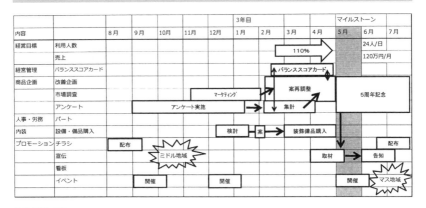

［筆者作成］

8 │ バランススコアカードを活用した目標とプロセスの管理

　自社がどのような製品を提供すれば、競合企業を押さえて顧客の支持を得られるのかという理想像を描き、KFS（Key Factors for Success：鍵になる成功要因）を明らかにしながら、自社の経営資源、成功要因に繋がる強み、弱みを定期的にチェックしていくシステムである。自社の経営資源や企業活動について、定性的・定量的に把握するために、売上高、市場シェア、収益性、ブランドイメージ、技術力、組織スキル、人的資源などを分析、運営状況を検証する。同時に、来店者へ行ったアンケートやヒアリングをもとに、メニューや価格、提供方法などの変更を行い顧客の声を店舗運営に反映させていく。計数管理上月次ごとのチェックに加え、マイルストーンごとに検証結果を反映したアクションプランを立て、目標管理を行う。特に、店舗運営の継続性を重視し、次のような売上変動があっても厳守する運営指標を設定した。

　FL費（売上原価＋人件費）　　　対売上　65％
　水道光熱費＋宣伝広告費＋その他 対売上　15％

　そして、費用の支払いが日々の売上ではまかなえないタイミングがあるので、3ヶ月分の費用を、開業当初より支払い口座に入金し、残高の指標としている。

■図16 バランススコアカードによる目標とプロセスの管理ビジョン
アウトサイドダイニング ～芦屋で、みんなに愛されるインド料理店

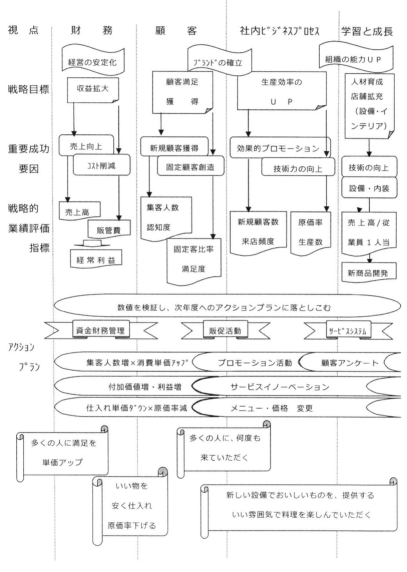

[筆者作成]

9 | 事業リスク対応

(1) 店舗運営上のリスク

食中毒：料理人の手洗い励行、調理器具の消毒、調理時に火を良く通す、厨房の消毒など、業務上のプロセスにおいて消毒を意識する。

火　災：厨房では火を使用するので、厨房機器だけでなく、消火器、火災報知器の点検、確認を行う。終業時は特に、確認を励行している。

盗　難：レジの売上は、残したまま店舗を閉めないようにしている。以上のリスクに対して、万が一発生したときの店舗経営への影響をできるだけ回避すべく店舗保険に加入している。

(2) 体制上のリスク

　調理に関しては、インド人料理人1人に頼った店舗運営であるので、料理人が出勤できない事態が発生したときは、料理人のヘルプを派遣する取り決めを行う。

10 | 業務組織表

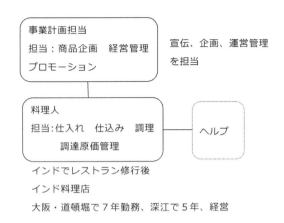

[筆者作成]

11 | 予想収支表　損益計算書

単位：円

		初年度	2年目	3年目
売 上 高		12,000,000	13,200,000	14,520,000
売上原価		3,000,000	3,300,000	3,630,000
売上総利益		9,000,000	9,900,000	10,890,000
経費	人件費	4,800,000	5,280,000	5,808,000
	家賃	1,200,000	1,200,000	1,200,000
	水道光熱費	720,000	720,000	720,000
	宣伝広告費	600,000	660,000	726,000
	その他	480,000	528,000	580,800
	合　計	7,800,000	8,388,000	9,034,800
営業利益		1,200,000	1,512,000	1,855,200

[筆者作成]

【著者略歴】

島　浩二

大阪市立大学大学院修士課程修了（都市政策・都市ビジネス）。著書に『橋下徹・劇場型改革派首長の行政マネジメントスタイル～大阪府知事時代』（パレード刊）がある。
shima-koji@osaka-cu.com

地域密着型飲食店のマネジメントスタイル
～消費者視点のマーケティングと事業計画

2016年9月16日　第1刷発行

著　者　島　浩二（しま　こうじ）

発行者　太田宏司郎

発行所　株式会社パレード
　　　　大阪本社　〒530-0043　大阪府大阪市北区天満2-7-12
　　　　　　　　　TEL 06-6351-0740　FAX 06-6356-8129
　　　　東京支社　〒150-0021　東京都渋谷区恵比寿西1-19-6-6F
　　　　　　　　　TEL 03-5456-9677　FAX 03-5456-9678
　　　　http://books.parade.co.jp

発売所　株式会社星雲社
　　　　　　　　　〒112-0005　東京都文京区水道1-3-30
　　　　　　　　　TEL 03-3868-3275　FAX 03-3868-6588

印刷所　株式会社平河工業社

本書の複写・複製を禁じます。落丁・乱丁本はお取り替えいたします。
©Koji Shima 2016　Printed in Japan
ISBN 978-4-434-22237-5　C0034